全过程工程咨询丛书

全过程工程咨询总体策划

杨明宇　张江波　卓葵　潘敏　主编

化学工业出版社

·北京·

内 容 简 介

《全过程工程咨询总体策划》是"全过程工程咨询丛书"的第2册，本册阐述工程建设项目在实施前的总体策划，强调全过程工程咨询是贯穿建设项目全生命周期的项目管理和专业咨询服务，不仅仅要实现项目建设目标，同时要实现全过程工程咨询服务目标。以建设单位为服务对象，以建设项目实施的全过程咨询工作为研究内容，以"管理协同、组织融合、技术集成"的基本思路，阐述全过程工程咨询服务总体的方案策划，旨在投资落地之前系统性地分析建设项目事件的逻辑关系，理清项目实施的脉络，并找出逻辑关系，以决定做什么、何时做、如何做、谁来做，明确项目建设过程中业主单位、全过程工程咨询单位、承包单位及其他参建单位的关键工作节点和重点工作内容。

本书内容翔实，观点前瞻性强，文字通俗易懂，并能应用于实践，可供建设单位、咨询单位、设计单位、施工单位、监理单位、造价咨询单位、运维管理单位的从业人员及相关专业高校在校师生和对工程管理感兴趣的读者阅读、参考。

图书在版编目（CIP）数据

全过程工程咨询总体策划 / 杨明宇等主编 . —北京：化学工业出版社，2021.10（2024.10重印）
（全过程工程咨询丛书）
ISBN 978-7-122-39560-3

Ⅰ. ①全… Ⅱ. ①杨… Ⅲ. ①建筑工程 – 总体规划 – 咨询服务 Ⅳ. ① F407.9

中国版本图书馆 CIP 数据核字（2021）第 140315 号

责任编辑：邢启壮 吕佳丽　　文字编辑：袁 宁 陈小滔
责任校对：宋 夏　　装帧设计：王晓宇

出版发行：化学工业出版社（北京市东城区青年湖南街13号　邮政编码100011）
印　　装：北京科印技术咨询服务有限公司数码印刷分部
787mm×1092mm　1/16　印张 8¾　字数 193 千字　2024 年 10 月北京第 1 版第 3 次印刷

购书咨询：010-64518888　　　　售后服务：010-64518899
网　　址：http://www.cip.com.cn
凡购买本书，如有缺损质量问题，本社销售中心负责调换。

定　价：48.00元　　　　　　　　　　　　　　　　　　版权所有　违者必究

丛书编写委员会名单

主　　任　张江波　王宏毅

副 主 任　杨明宇　谢向荣　顿志林　潘　敏　杨明芬　刘仁轩
　　　　　　郭嘉祯　白　祯　王孝云　杨宝昆　王瑞镛　铁小辉

主　　审　韩光耀　上海同济工程咨询有限公司　专家委员会主任
　　　　　　谭光伟　江西中煤勘察设计总院有限公司　董事长
　　　　　　顾　靖　浙江上嘉建设有限公司　总工程师

主 任 单 位　中新创达咨询有限公司
　　　　　　汉宁天际工程咨询有限公司
　　　　　　晨越建设项目管理集团股份有限公司
　　　　　　四川开元工程项目管理咨询有限公司
　　　　　　金中证项目管理有限公司

副主任单位　长江勘测规划设计研究有限责任公司
　　　　　　中国通信建设集团设计院有限公司
　　　　　　深圳市昊源建设监理有限公司
　　　　　　卓信工程咨询有限公司
　　　　　　中建卓越建设管理有限公司
　　　　　　泰禾云工程咨询有限公司
　　　　　　中精信工程技术有限公司
　　　　　　河南省全过程建设咨询有限公司
　　　　　　山东德勤招标评估造价咨询有限公司
　　　　　　云南云岭工程造价咨询有限公司
　　　　　　江苏启越工程管理有限公司
　　　　　　浙江中诚工程咨询有限公司
　　　　　　鲁班软件股份有限公司
　　　　　　河南理工大学
　　　　　　青岛理工大学
　　　　　　西安欧亚学院
　　　　　　河北建筑工程学院

本书编写人员名单

主　编　杨明宇　中新创达咨询有限公司 董事长
　　　　　张江波　汉宁天际工程咨询有限公司 总经理
　　　　　卓　葵　永信和瑞工程咨询有限公司 技术负责人
　　　　　潘　敏　四川开元工程项目管理咨询有限公司 董事长

副主编　吴　强　河南工大设计研究院
　　　　　姜　永　山东德勤招标评估造价咨询有限公司
　　　　　文学博　永泽建设工程咨询有限公司
　　　　　王晓丽　河南昭元绩效评价咨询公司
　　　　　李诗强　四川开元工程项目管理咨询有限公司
　　　　　铁小辉　中国通信建设集团设计院有限公司

参　编　李春蓉　晨越建设项目管理集团股份有限公司
　　　　　张文武　内蒙古中实工程项目管理有限责任公司
　　　　　姜海莹　河南交通职业技术学院
　　　　　张晓萌　山东理工职业学院
　　　　　吴　岚　么道工程管理（上海）有限公司
　　　　　牟海军　四川华坤工程咨询有限公司

丛书序

2017年2月国务院办公厅发布的《关于促进建筑业持续健康发展的意见》（国办发〔2017〕19号）要求：培育全过程工程咨询。鼓励投资咨询、勘察、设计、监理、招标代理、造价等企业采取联合经营、并购重组等方式发展全过程工程咨询，培育一批具有国际水平的全过程工程咨询企业。制定全过程工程咨询服务技术标准和合同范本。政府投资工程应带头推行全过程工程咨询，鼓励非政府投资工程委托全过程工程咨询服务。在民用建筑项目中，充分发挥建筑师的主导作用，鼓励提供全过程工程咨询服务。

自2018年以来，各级部门通过招标网站发布的全过程工程咨询项目累计超过300个，上海同济工程咨询有限公司中标的"乌梁素海流域山水林田湖草生态保护修复试点工程项目全过程工程咨询服务"中标咨询费为3.7亿，上海建科、上海同济、浙江江南、中冶赛迪、北京双圆、晨越建管等公司纷纷拿下咨询费用超过1亿元（或接近1亿元）的咨询项目。

我们深刻认识到全过程工程咨询是我国工程咨询业改革的重要举措，是我国工程建设管理模式的一次革命性创举，为此国家发展改革委和住房城乡建设部2019年3月15日推出《关于推进全过程工程咨询服务发展的指导意见》（发改投资规〔2019〕515号），明确全过程工程咨询分为投资决策综合性咨询和工程建设全过程咨询，要求充分认识推进全过程工程咨询服务发展的意义，以投资决策综合性咨询促进投资决策科学化，以全过程咨询推动完善工程建设组织模式，鼓励多种形式的全过程工程咨询服务市场化发展，优化全过程工程咨询服务市场环境，强化保障措施。

2019年10月14日山东省住房和城乡建设厅与山东省发展和改革委员会推出《关于在房屋建筑和市政工程领域加快推行全过程工程咨询服务的指导意见》（鲁建建管字〔2019〕19号），要求：政府投资和国有资金投资的项目原则上实行全过程工程咨询服务。这是全国第一个有强制性要求的全过程工程咨询指导意见，大力推进了山东省开展全过程工程咨询的力度，具有良好的示范效应。

2020年5月6日吉林省住房和城乡建设厅与吉林省发展和改革委员会《关于在房屋建筑和市政基础设施工程领域加快推行全过程工程咨询服务的通知》（吉建联发〔2020〕20号），要求：政府投资工程原则上实行全过程工程咨询服务，鼓励非政府投资工程积极采用全过程工程咨询服务。

2020年6月16日湖南省住房和城乡建设厅《关于推进全过程工程咨询发展的实施意见》（湘建设〔2020〕91号），要求：2020年，政府投资、国有资金投资新建项目全面推广全过程工程咨询；2021年，政府投资、国有资金投资新建项目全面采用全过程工程咨询，社会投资新建项目逐步采用全过程工程咨询；2025年，新建项目采用全过程工程咨询的比例达到70%以上，全过程工程咨询成为前期工作的主流模式，培育一批具有国际竞争力的工程咨询企业，培养与全过程工程咨询发展相适应的综合型、复合型人才队伍。

越来越多的省、市、自治区、直辖市在各地区推进全过程工程咨询的指导意见、实施意见中采用"原则上"等术语来要求政府投资项目全面采用全过程工程咨询的模式开展咨询服务工作。

从国家到地方，各级政府都在大力推进全过程工程咨询，而目前国内专业的全过程工程咨询类人才却十分匮乏。各建设单位、工程咨询、工程设计等企业目前已经开始在为自己储备专业性技术人员。全过程工程咨询并非简单地把传统的设计、监理、造价、招标代理、BIM建模等业务进行叠加，而是需要站在业主的角度对项目建设的全过程进行组织重塑和流程再造，以项目管理为主线、以设计为龙头、以BIM为载体，将传统做法中的多个流程整合为一个流程，在项目起始阶段尽早定义，提高项目管理效率，优化项目结构，大幅降低建造和咨询成本，驱动建筑业升级转型。

在张江波先生的带领下，来自企业、高校近200位专家、学者，历时三年的时间完成了对全过程工程咨询领域的共性问题、关键技术和主要应用的探索和研究，融合项目实践经验，编写出本套系统指导行业发展及实际操作的系列丛书，具有十分深远的意义。本套丛书凝聚了享有盛誉的知名行业专家的群体智慧，呈现并解决目前正在开展全过程工程咨询项目或已完成的全过程工程咨询项目在实施过程中出现的各种问题。

丛书紧扣当前行业的发展现状，围绕全过程工程咨询的六大阶段、十大传统咨询业务形态的融合，实现信息集成、技术集成、管理集成与组织集成的目标，总结和梳理了全过程工程咨询各阶段需要解决的关键问题及解决方法。丛书共有十个分册，分别是《全过程工程咨询实施导则》《全过程工程咨询总体策划》《全过程工程咨询项目管理》《全过程工程咨询决策阶段》《全过程工程咨询设计阶段》《全过程工程咨询施工阶段》《全过程工程咨询竣工阶段》《全过程工程咨询运维阶段》《全过程工程咨询投资管控》《全过程工程咨询信息管理》。相较于传统图书，本套丛书主要围绕以下五个方面进行编写：

（1）强调各阶段、各种传统咨询服务的融合，实现无缝隙且非分离的综合型咨询服务，是传统咨询的融合而非各类咨询服务的总包；

（2）强调集成与协同，在信息集成、技术集成、管理集成、组织集成的四个不同层面，完成从数据—信息—知识—资产的升级与迭代，在集成的基础上完成各项服务的协同作业；

（3）强调全过程风险管理，识别各阶段各业务类型的各种风险源，利用风险管理技术手段，有效规避和排除风险；

（4）强调"前策划、后评估"，重视在前期的总体策划，将全过程实施中足够丰富、准确的信息体现在设计文件、实施方案中，在后期实施时，采用"全过程工程咨询评价模型"来评估实施效果，用"全过程工程咨询企业能力评估模型"来评估企业的相关能力；

（5）强调与建筑行业市场化改革发展相结合的方针，将"全过程工程咨询"作为建筑行业技术服务整合交付的一种工程模式。

丛书内容全面，涉及工程从策划建设到运营管理的全过程，在组织模式上进行了较强的创新，体现出咨询服务的综合性和实用性，反映了全过程工程咨询的全貌，文字深入浅出，简洁明了，系统介绍了工程各阶段所需完成的任务及完成策略、方法、技术、工具，能为读者从不同应用范围、不同阶段及技术等角度了解全过程工程咨询提供很好的帮助，具有很高的指导意义和应用价值，必将对推动我国建筑行业的发展起到积极的作用。希望本丛书的出版，能够使建筑行业工作者系统掌握本领域的发展现状和未来发展，在重大工程的建设方面提供理论支撑和技术指导。

由于作者水平有限，书中不当之处在所难免，恳请读者与专家批评指正。

丛书主任：张江波 王宏毅

2021 年 7 月

丛书前言

为深入贯彻习近平新时代中国特色社会主义思想和党的十九大精神，深化工程领域咨询服务供给侧结构性改革，破解工程咨询市场供需矛盾，必须完善政策措施，创新咨询服务组织实施方式，大力发展以市场需求为导向、满足委托方多样化需求的全过程工程咨询服务模式。《国家发展改革委 住房城乡建设部关于推进全过程工程咨询服务发展的指导意见》（发改投资规〔2019〕515号）提出为深化投融资体制改革，提升固定资产投资决策科学化水平，进一步完善工程建设组织模式，提高投资效益、工程建设质量和运营效率，根据中央城市工作会议精神及《中共中央国务院关于深化投融资体制改革的意见》（中发〔2016〕18号）、《国务院办公厅关于促进建筑业持续健康发展的意见》（国办发〔2017〕19号）等要求，对房屋建筑和市政基础设施领域推进全过程工程咨询服务发展给出指导意见。意见指出要遵循项目周期规律和建设程序的客观要求，在项目决策和建设实施两个阶段，着力破除制度性障碍，重点培育发展投资决策综合性咨询和工程建设全过程咨询，为固定资产投资及工程建设活动提供高质量智力技术服务，全面提升投资效益、工程建设质量和运营效率，推动高质量发展。

作为供给体系的重要组成部分，固定资产投资及建设的质量和效率显著影响着供给体系的质量和效率。工程咨询业在提升固定资产投资及建设的质量和效率方面发挥着不可替代的作用。从项目前期策划、投资分析、勘察设计，到建设期间的工程管理、造价控制、招标采购，到竣工后运维期间的设施管理，均需要工程咨询企业为业主方提供有价值的专业服务。但传统工程咨询模式中各业务模块分割，信息流断裂，碎片化咨询的弊病一直为业主方所诟病，"都负责、都不负责"的怪圈常使业主方陷入被动。传统工程咨询模式已不能适应固定资产投资及建设对效率提升的要求，更无法适应"一带一路"建设对国际化工程咨询企业的要求。2017年2月，《国务院办公厅关于促进建筑业持续健康发展的意见》（国办发〔2017〕19号）文件明确提出"培育全过程工程咨询"，鼓励投资咨询、勘察、设计、监理、招标代理、造价等企业采取联合经营、并购重组等方式发展全过程工程咨询，培育一批具有国际水平的全过程工程咨询企业。同时，要求政府投资工程带头推行全过程工程咨询，并鼓励非政府投资项目和民用建筑项目积极参与。

在国家和行业的顶层设计下，全过程工程咨询已成为工程咨询业转型升级的大方向，如何深入分析业主方痛点，为业主方提供现实有价值的全过程咨询服务，是每一个工程咨询企业都需要深入思考的问题。与此同时，咨询企业应借助国家政策，谋划升级转型，增强综合实力，培养优秀人才，加快与国际先进的建设管理服务接轨，更好地服务于"一带一路"倡议。全过程工程咨询是我国工程建设领域的一次具有革命性意义的重大举措，它是建筑工程领域供给侧改革、中国工程建设领域持续健康发展的重要抓手，影响着我国工程建设领域的未来发展。

在全面推进全过程工程咨询的历史时刻，上海汉宁建筑科技有限公司董事长张江波先生与晨越建设项目管理集团股份有限公司董事长王宏毅先生于2018年5月份经过两次深入的交流，决定利用双方在工程咨询领域长期的理论与实践探索，出版一套能够指导行业发展的丛书，这便有了这套"全过程工程咨询丛书"。编写这套丛书的意义在于从行业和产业政策出发，抓住长期影响中国工程建设的"慢变量"，能够从理论和实践两个层面共同破除对全过程工程咨询的诸多误解，引导更多的从业者在正确的理论和方法指引下、在工程实践案例的指导下更好地开展全过程工程咨询。

本书从2018年7月份启动编写，编写过程中邀请了来自全国各地200多位专家学者共同参与到这套丛书的编写与审核，参与者们都是来自工程咨询一线、具有丰富的理论知识和实践经验的专家，经过将近一年时间的写作和审核，形成了一整套共10个分册的书稿。编写委员会希望本丛书能够成为影响全过程工程咨询领域开展咨询工作的标杆性文件和标准化手册，指引我国工程咨询领域朝着持续、健康方向的发展。

感谢编委会全体成员以及支持编写工作的领导、同仁和朋友们在本书写作、审核、出版过程中给予的关心，正是你们的支持才让本书的论述更加清晰、有条理，内容才能更加丰富、多元。

由于图书编写工作量十分巨大，时间比较紧张，难免有不足之处，欢迎广大读者予以指正。

前 言

2017年国务院办公厅颁发《关于促进建筑业持续健康发展的意见》（国办发〔2017〕19号）率先提出了培育全过程工程咨询单位的指导思想，2017年中国共产党第十九次全国代表大会，进一步明确了加快发展现代服务业，瞄准国际标准提高水平的发展方向，这为工程咨询业带来了重要机遇，同时也提出了更高要求。全过程工程咨询需将集约思想融入建设项目中，充分有效地发挥全过程工程咨询的作用，提高建设项目的质量和效率，使建设资源的运用更加科学、合理、节约，保证建设项目获取最大的经济和使用效益。

国家发展和改革委员会、住房城乡建设部2018年联合发布的《关于推进全过程工程咨询服务发展的指导意见》（征求意见稿）、2019年联合发布的《关于推进全过程工程咨询服务发展的指导意见》（发改投资规〔2019〕515号），提出"遵循项目周期规律和建设程序的客观要求，在项目决策和建设实施两个阶段，着力破除制度性障碍，重点培育发展投资决策综合性咨询和工程建设全过程咨询"。全过程工程咨询已不仅仅是提升固定资产投资决策科学化水平，完善工程建设组织模式，提高投资效益、工程建设质量和运营效率的需求，也成为国内现有投资咨询、勘察、设计、监理、造价咨询、施工等从业企业调整经营结构，谋划转型升级，增强综合实力，加快与国际建设管理服务方式接轨的需求。

全过程工程咨询是贯穿建设项目全生命周期的项目管理加专业咨询的服务，不仅仅需要解决项目建设目标同时要实现全过程工程咨询服务目标，本分册《全过程工程咨询总体策划》为本系列丛书第二分册，是以建设单位为服务对象，以基于房建和市政类建设项目全生命的全过程工程咨询为研究内容，立足于全过程工程咨询管理协同、组织融合、技术集成的基本思路，阐述全过程工程咨询服务总思路，旨在研究整个建设项目事件的逻辑关系、理清事件实施的脉络，并找出事物关联的因果关系，以决定做什么、何时做、如何做、谁来做，明确项目建设过程中业主单位、全过程工程咨询单位、承包单位及其他参建单位的关键工作节点和重点工作内容，是解决项目建设、咨询服务成功与否的源头；是达成项目建设目标，实现全过程工程咨询服务价值的基础文件；是用以指导全过程工程咨询服务的组织、实施的纲领性文件。

全书共8章，具体分工如下：

杨明宇、张江波、卓葵、潘敏主编并负责统稿，吴强、姜永、文学博、王晓丽、李诗强担任副主编。编写工作分别由杨明宇主持编写第 1、2 章，张江波主持编写第 3、4 章，卓葵主持编写第 5、6 章，潘敏主持编写第 7、8 章，吴强参与第 2、3 章编写，姜永参与第 1、4 章编写，文学博参与第 2、5 章编写，王晓丽参与第 6、7 章编写，李诗强参与第 7、8 章编写。李春蓉、张文武、姜海莹、张晓萌、吴岚、牟海军等人参与了资料收集和部分编写工作，并提出了宝贵意见，对编写工作提供了很大的帮助。

  本书较为系统地介绍了全过程工程咨询总体策划时所需开展的工作及工作程序，供大家在工作中借鉴参考。由于作者水平有限，书中的不足之处在所难免，恳请读者与专家批评指正。

编者
2021 年 7 月

目 录

第1章　全过程工程咨询总策划概述 001
1.1　项目建设目标的策划 001
1.2　全过程工程咨询服务规划 002
　　1.2.1　全过程工程咨询服务的定位 002
　　1.2.2　全过程工程咨询服务的依据 002
　　1.2.3　全过程工程咨询服务的范围 004
　　1.2.4　全过程工程咨询服务内容的策划 006
　　1.2.5　全过程工程咨询服务目标 012
　　1.2.6　项目建设程序管理 015

第2章　全过程工程咨询组织机构筹划 018
2.1　全过程工程咨询组织模式 019
　　2.1.1　全过程工程咨询服务模式下各参与方关系 019
　　2.1.2　全过程工程咨询服务模式下各专业间的关系 019
2.2　全过程工程咨询服务的组织模式 020
2.3　全过程工程咨询服务的团队管理 023
　　2.3.1　各专业咨询工程师各阶段职责要求 023
　　2.3.2　全过程工程咨询实施团队 028
　　2.3.3　全过程工程咨询人员职责要求 029
2.4　全过程工程咨询的设施配置 031

第3章　项目决策阶段的咨询服务策划 032
3.1　项目决策咨询服务组织策划 032
3.2　咨询服务的流程 033
　　3.2.1　项目建议书 033

  3.2.2 项目可行性研究报告 034
  3.2.3 PPP项目两评一方案编制的策划 035
 3.3 项目决策咨询服务关注的重点 035
  3.3.1 项目建议书 035
  3.3.2 可行性研究 037

第4章 工程建设阶段的咨询服务 045

 4.1 勘察设计阶段咨询服务 045
  4.1.1 勘察设计咨询服务组织策划 046
  4.1.2 勘察咨询服务管控的重点 047
  4.1.3 设计咨询服务管控的重点 048
  4.1.4 装配式建筑和绿色建筑设计管理 053
 4.2 招标采购阶段咨询服务 056
  4.2.1 招标与采购的区域选定 056
  4.2.2 招标项目 059
  4.2.3 采购项目 062
 4.3 施工阶段咨询服务 063
  4.3.1 投资管控 063
  4.3.2 进度管控 065
  4.3.3 质量管控 067
  4.3.4 安全管理 070
  4.3.5 合同管理 073
  4.3.6 信息管理 075
  4.3.7 组织协调服务 076
 4.4 竣工阶段咨询服务 077
  4.4.1 竣工阶段的组织策划 078
  4.4.2 竣工阶段的流程策划 078
  4.4.3 竣工阶段的计划策划 078
  4.4.4 策划建设项目评奖的实施 078
  4.4.5 运维管理建议与培训策划 078

第5章 运营阶段的咨询服务 080

 5.1 运营维护 080
  5.1.1 运营维护服务内容 080

  5.1.2 运营维护服务策划 081
  5.1.3 运营维护要点 083
 5.2 运营维护阶段的资产管理 083
  5.2.1 资产管理服务内容 083
  5.2.2 资产管理要点 084

第 6 章　全过程工程咨询风险管理策划　085

 6.1 项目风险管理 085
  6.1.1 风险管理的方法和步骤 085
  6.1.2 建设项目风险管理目标 088
 6.2 建设项目风险管控内容及措施 090
  6.2.1 参建单位在风险管控中的参与程度 090
  6.2.2 建设项目风险管控框架建立 090
  6.2.3 各阶段风险管理关注重点 092

第 7 章　全过程工程咨询服务常用分析方法　094

 7.1 系统分析法 094
  7.1.1 系统分析的概念 094
  7.1.2 系统分析法的步骤 095
 7.2 对比分析法 096
  7.2.1 对比分析法在各阶段运用 096
  7.2.2 前后对比与有无对比的比较 097
 7.3 综合评价法 098
  7.3.1 综合评价法种类 098
  7.3.2 综合评价法特点 098
  7.3.3 综合评价法要素 098
  7.3.4 综合评价法步骤 099
  7.3.5 综合评价法常用方法 099
  7.3.6 综合评价法在招投标中的运用 099
 7.4 逻辑框架法 100
  7.4.1 逻辑框架法的概念 100
  7.4.2 逻辑框架法矩阵 100
  7.4.3 逻辑框架法在项目各阶段的应用 101
  7.4.4 逻辑框架法的目标层次 101

  7.4.5 逻辑框架法的逻辑关系 101

  7.4.6 逻辑框架法在项目后评价中的运用分析 102

第 8 章 全过程工程咨询服务管理制度 104

8.1 全过程工程咨询制度建设要求 104

  8.1.1 制度体系建设时间节点 104

  8.1.2 确立制度基本框架编制索引表 105

  8.1.3 制度跟踪记录与修订 105

8.2 全过程工程咨询管理服务制度的编制 106

  8.2.1 编制目的 106

  8.2.2 编制流程 106

  8.2.3 审批与发文 106

8.3 全过程工程咨询制度重点内容示例 106

  8.3.1 安全管理制度 107

  8.3.2 质量管理制度 109

  8.3.3 技术管理制度 111

  8.3.4 建设协调管理制度 112

  8.3.5 进度管理制度 116

  8.3.6 造价管理制度 117

  8.3.7 招投标管理制度 118

  8.3.8 合同管理制度 118

  8.3.9 档案管理制度 118

附录 1 全过程工程咨询服务交付文件清单 120

附录 2 全过程工程咨询服务管理体系相关制度清单 122

参考文献 124

第1章 全过程工程咨询总策划概述

1.1 项目建设目标的策划

项目目标（Project Objectives）是实施项目所要达到的期望结果，包含项目所能交付的成果或服务。项目的实施过程实际就是一种追求预定目标的过程，因此，从一定意义上讲，项目目标应该被清楚定义，并且是可以最终实现的。

建设项目是指按一个总体规划或设计进行建设的，由一个或若干个互有内在联系的单项工程（单项工程是指具有独立的设计文件，建成后能独立发挥生产能力或使用功能的工程项目）组成的工程总和。项目建设目标是指在项目建设实施过程中，为了实现优质建设项目、反映当地文化的特色建设产品、实现可持续发展的环境要求、提高建设项目的效率和价值的期望结果。

工程建设项目总目标通常包括功能目标（功能、产品或服务对象定位、工程规模）、技术目标、时间目标、经济目标（总投资、投资回报）、社会目标、生态目标等指标。

项目建设目标包含质量、工期、安全、投资，不同的投资主体对项目建设目标的需求不同。全过程工程咨询服务单位则应该根据委托方的基本意向，通过对项目的整个环境进行有效分析，包括外部环境、上层组织系统、市场情况、相关干系人（客户、承包商、相关供应商等）、社会经济和政治/法律环境及充分的市场调研、反复论证，并参考类似项目指标，利用大数据对比分析后得出。

建设项目的目标依据其所在的时间要素、范围要素，分为建设总目标、阶段性建设目标、单项工程建设目标等。基本目标要素为：

质量目标：合格、优良、争创××杯或鲁班奖；

工期目标：××天/××××年××月××日交付；

安全目标：无重大安全事故，轻伤率低于××‰；

投资目标：××××万元；

产能目标：年产××××。

1.2 全过程工程咨询服务规划

1.2.1 全过程工程咨询服务的定位

2019 年，《关于推进全过程工程咨询服务发展的指导意见》（发改投资规〔2019〕515 号）文件明确地提出了全过程工程咨询服务推进发展是"深化工程领域咨询服务供给侧结构性改革，破解工程咨询市场供需矛盾""必须完善政策措施，创新咨询服务组织实施方式，大力发展以市场需求为导向、满足委托方多样化需求的全过程工程咨询服务模式""遵循项目周期规律和建设程序的客观要求，在项目决策和建设实施两个阶段，着力破除制度性障碍，重点培育发展投资决策综合性咨询和工程建设全过程咨询，为固定资产投资及工程建设活动提供高质量智力技术服务，全面提升投资效益、工程建设质量和运营效率，推动高质量发展"。

515 号文件将全过程工程咨询服务按项目建设阶段分为了"投资决策综合性咨询""工程建设全过程咨询"两个阶段，但着力点都是以市场为需求、以破除制度性障碍为根本。全过程工程咨询是实现全过程工程项目管理的一种组织形式，不是制度、不是模式，会随不同的需求方、不同的项目、不同的地区、不同社会环境和历史阶段，有着不同的表达方式，但其核心是对传统的建筑咨询服务进行组织变革、流程再造，以实现全过程工程咨询组织融合、管理协同、技术集成的内涵；是以第三方社会咨询服务机构的身份，站在需求方的角度去整合专业化咨询，以实现全过程工程项目管理，实现项目建设质量、进度、投资、效益和社会影响各项目标。

1.2.2 全过程工程咨询服务的依据

1.2.2.1 法律法规及政策文件

国家法律法规、政策文件及地方相应出台实施、管理办法等是开展全过程工程咨询服务的重要依据，是促进全过程工程咨询服务规范发展、良性发展、全面发展的基本指导文件，以国家政策文件为基础，结合各地实施、管理办法，是开展全过程工程咨询服务的基本方法。

围绕建筑行业，从国家、部委到行业，有着大量的法律法规和政策文件，本章节就 2016 年来与推行和开展全过程工程咨询相关联的政策文件进行了整理，见表 1-1。

表 1-1 全过程工程咨询政策文件

序号	文件名	发文字号
一	I 类　国务院文件	
1	关于发布政府核准的投资项目目录（2016 年本）的通知	国发〔2016〕72 号
2	企业投资项目核准和备案管理条例（2017 年 2 月发布）	国令第 673 号

续表

序号		文件名	发文字号
一		I类　国务院文件	
3		工程咨询行业管理办法	发改委2017年第9号令
4		关于促进建筑业持续健康发展的意见	国办发〔2017〕19号
5		关于开展工程建设项目审批制度改革试点的通知	国办发〔2018〕33号
6		关于全面开展工程建设项目审批制度改革的实施意见	国办发〔2019〕11号
7		政府投资条例（2019年5月发布）	国令第712号
8		国务院关于取消和下放一批行政许可事项的决定	国发〔2019〕6号
二		II类　部委文件	
9		建设项目全过程造价咨询规程 CECA/GC 4—2017	中价协〔2017〕45号
10		关于征求在民用建筑工程中推进建筑师负责制指导意见（征求意见稿）意见的函	建市设函〔2017〕62号
11		关于印发建筑业发展"十三五"规划的通知	建市〔2017〕98号
12		关于开展全过程工程咨询试点工作的通知	建市〔2017〕101号
13		关于印发工程勘察设计行业发展"十三五"规划的通知	建市〔2017〕102号
14		住房城乡建设部关于促进工程监理行业转型升级创新发展的意见	建市〔2017〕145号
15		关于印发工程造价事业发展"十三五"规划的通知	建标〔2017〕164号
16		企业投资项目核准和备案管理办法	发改委2017年第2号令
17		关于印发《工程咨询单位资信评价标准》的通知	发改投资规〔2018〕623号
18		关于印发投资咨询评估管理办法的通知	发改投资规〔2018〕1604号
19		企业投资项目事中事后监管办法	发改委2018年第14号令
20		关于征求推进全过程工程咨询服务发展的指导意见（征求意见稿）和建设工程咨询服务合同示范文本（征求意见稿）意见的函	建市监函〔2018〕9号
21		国家发展改革委　住房城乡建设部关于推进全过程工程咨询服务发展的指导意见	发改投资规〔2019〕515号
22		关于做好《政府投资条例》贯彻实施工作的通知	发改投资〔2019〕796号
三		III类　地方文件	
23		江苏省住房城乡建设厅关于推进工程建设全过程工程咨询服务的指导意见	苏建建管〔2016〕730号
24		江苏省住房城乡建设厅关于印发《江苏省开展全过程工程咨询试点方案》的通知	苏建科〔2017〕526号
25		江苏省住房城乡建设厅关于公布全过程工程咨询试点企业和试点项目的通知	苏建科〔2018〕79号
26		四川省住房和城乡建设厅印发《四川省开展全过程工程咨询试点方案》的通知	川建法〔2017〕11号
27		浙江省全过程工程咨询试点工作方案	建建发〔2017〕208号
28		宁波市全过程工程咨询试点工作方案	
29		绍兴市住建局关于开展绍兴市全过程工程咨询试点的通知	
		附件1　绍兴市全过程工程咨询试点工作方案	
		附件2　绍兴市全过程工程咨询管理试行办法	
30		关于印发《全过程工程咨询服务合同（衢州范本）》的通知	衢住建办〔2018〕65号
		附件　全过程工程咨询服务合同（衢州范本）	

续表

序号	文件名	发文字号
三	Ⅲ类　地方文件	
31	广东省住房城乡建设厅关于印发《广东省开展全过程工程咨询试点工作实施方案》的通知	粤建市〔2017〕167号
	附件　广东省开展全过程工程咨询试点工作实施方案	
32	广东省住房城乡建设厅关于征求《建设项目全过程工程咨询服务指引（咨询企业版）(征求意见稿)》和《建设项目全过程工程咨询服务指引（投资人版）(征求意见稿)》	
	附件　建设项目全过程工程咨询服务指引（咨询企业版）(征求意见稿)	
	附件　建设项目全过程工程咨询服务指引（投资人版）(征求意见稿)	
33	韶关市全过程工程咨询试点工作实施方案	韶市建字〔2017〕215号
34	福建省全过程工程咨询试点工作方案	闽建科设〔2017〕36号
35	莆田市全过程工程咨询试点工作方案	莆建科设〔2017〕77号
36	广西全过程工程咨询试点工作实施方案	桂建发〔2018〕2号
37	湖南省全过程工程咨询试点工作实施方案	湘建设函〔2017〕446号
38	湖南省住房和城乡建设厅关于印发全过程工程咨询工作试行文本的通知	湘建设〔2018〕17号
	附件1　全过程工程咨询招标文件试行文本	
	附件2　全过程工程咨询合同文本试行文本	
	附件3　全过程工程咨询服务试行清单	

注：政策文件整理是覆盖2016年至2019年6月国家和地方关于全过程工程咨询的相关文件。

1.2.2.2　建设项目相关资料文件

政策文件可以说是开展全过程工程咨询的基本指导思想，而项目本身的资料文件则是全过程工程咨询工作实施开展的基础资料。在开展全过程工程咨询服务的整个过程中，必须全程依据以下项目资料：

① 项目立项文件，包含但不限于项目建议书，可行性研究报告及其附件，可行性研究报告审批意见，与项目立项相关的会议纪要、专家评审建议文件及调研文件资料；

② 建设用地、征地、拆迁文件，包含但不限于选址申请及选址规划意见通知书，用地申请报告及县级以上人民政府城乡建设用地批准书，拆迁安置意见及协议、方案，建设用地规划许可证及其附件，划拨建设用地文件，国有土地使用证；

③ 项目建设规划许可、规划方案及批复意见、建设项目技术要求及资金筹措方案等；

④ 建设项目方案规划及设计文件，项目所涉及的招投标文件、合同文件等；

⑤ 同类建设项目的相关资料，包含但不限于质量标准文件、价格文件、专项方案文件等；

⑥ 与项目建设相关的清单、定额规范文件及相关价格文件资料等；

⑦ 全过程工程咨询服务合同文件。

1.2.3　全过程工程咨询服务的范围

1.2.3.1　建设项目基本情况收集

建设项目基本情况是指全过程工程咨询服务对象的基本情况。对项目基本情况的了解和熟悉,能帮助全过程工程咨询单位理解投资主体的需求意向、建设目的以及项目当前阶段的进展情况,是进行全过程咨询服务策划的基础资料,包括:项目的主要内容、创新点、技术水平及应用范围;项目的社会经济意义、现有工作基础、申请项目的必要性;项目计划目标(包括总体目标,经济目标,技术、质量指标,知识产权指标)和主要技术经济指标要求;项目投资分析、资金情况等。

1.2.3.2 全过程工程咨询服务范围

根据2017年国务院办公厅颁发的《关于促进建筑业持续健康发展的意见》(国办发〔2017〕19号),全过程工程咨询服务跨越建设项目全生命周期,服务范围覆盖建设项目的项目决策、勘察设计、招标采购、工程施工、竣工验收、运营维护六个阶段,涉及项目管理及工程咨询、勘察设计、招标代理、造价咨询、工程监理等各个专业板块。2019年5月,国家发展和改革委、住房城乡建设部联合发布的《关于推进全过程工程咨询服务发展的指导意见》(发改投资规〔2019〕515号)文件,将建设项目全生命周期分为投资决策、工程建设、运营三大阶段,提出"遵循项目周期规律和建设程序的客观要求,在项目决策和建设实施两个阶段,着力破除制度性障碍,重点培育发展投资决策综合性咨询和工程建设全过程咨询",实施单阶段、多阶段的咨询服务。

全过程工程咨询服务范围覆盖项目建设全生命周期,从投资决策到运营管理,涉及项目管理、投资决策综合性咨询及勘察、设计、造价咨询、招标代理、监理等专业咨询,是项目管理与专业咨询服务、各专业咨询服务之间的高度集约化管理和融合。

建市监函〔2018〕9号《关于推进全过程工程咨询服务发展的指导意见(征求意见稿)》明确"全过程工程咨询服务可采用多种组织方式,为项目决策、实施和运营持续提供局部或整体解决方案";发改投资规〔2019〕515号明确"工程建设全过程咨询服务应当由一家具有综合能力的咨询单位实施,也可由多家具有招标代理、勘察、设计、监理、造价、项目管理等不同能力的咨询单位联合实施"。依据发改投资规〔2019〕515号中建设项目阶段对应的全过程工程咨询划分,全过程工程咨询服务分为投资决策综合性咨询服务、工程建设全过程咨询服务。文件中未提到项目运营阶段纳入全过程工程咨询服务,但就建设项目全生命周期管理思维来分析,运营维护是建设项目全生命周期的一个阶段,也是全过程工程咨询服务的一个重要环节,则"建设项目全生命周期全阶段的全过程工程咨询服务=投资决策综合性咨询服务+工程建设全过程咨询服务+运营维护全过程咨询服务"。依据文件解释,全过程工程咨询服务可以是多阶段、单阶段、全专业、部分专业的组合,则从项目建设阶段和全过程工程咨询服务范围上可以形成多种组合模式(如图1-1)。

(1)从覆盖的建设项目阶段来分 全过程工程咨询服务可以是覆盖全生命周期的全过程工程咨询服务,也可以分项目决策、建设实施、项目运营三个阶段分别实施咨询服务;同时也可以采取阶段组合的模式,如"项目决策+建设实施""建设实施+项目运营",同时也不排除可以对"项目决策+项目运营"进行组合;也可以采取建设项目全生命周期的全过程工程咨询。

(2)从覆盖的专业咨询范围来分 全过程工程咨询是以"1+N"模式来实施,其中:"1"是指全过程工程项目管理,是全过程工程咨询中必不可少的服务范围(必选项);"N"是指专业咨询服务,包括投资决策、工程咨询、勘察、设计、造价、招标代理、监理、信息、运维等专业咨询。在全过程工程咨询服务中,可以同时承接全部专业咨询服务方式,也可提供菜单式服务。

图 1-1 全过程工程咨询服务范围

在具体项目的实施过程中，全过程工程咨询服务涉及的建设阶段和专业范围的确定要根据委托方需求、委托方已有组织架构以及项目的规模等具体情况来确定。如：现阶段国有投资建设的房建、市政类项目实施全过程工程咨询的项目在逐渐增加；而类似万达、碧桂园、万科等大型成熟的地产公司，有着自己相当成熟的管理模式、组织架构和指标体系，从其发展来分析，仍会以传统业务、分阶段委托的方式为主。

1.2.4 全过程工程咨询服务内容的策划

全过程工程咨询是以"1+N"的模式实施咨询服务，不是咨询服务的总承包，不能理解为简单地将各专业板块整合在一起，必须是以统筹、协调、管理为核心，通过集约化管理、高度融合的专业技术水平、科学的管理思路、有效的管理手段来实现项目建设目标，实现项目增值的咨询服务目标。

全过程工程咨询的服务内容不是一个既定模式，是随着服务对象的变化、市场需求的变化、项目具体情况的变化而变化的。从全过程工程咨询服务对象的角度来说，服务对象既可以是政府、银行、国际组织、企业的投资人，也可以是承包人，因为两者有着完全不同的目标需求，导致全过程工程咨询服务内容、流程完全不同；从项目的建设阶段来说，项目决策、建设实施、项目运营组合模式不同，对应的全过程工程咨询服务内容也不尽相同。

从咨询服务的专业领域来说，不同的服务对象、服务阶段，可以是项目管理与包含工程咨询、勘察设计、招标代理、造价咨询、工程监理、信息管理的全专业的咨询服务，也可以是项目管理+专业组合的模式。

本章节以政府投资人为服务对象，以覆盖建设项目全阶段、全专业的全过程工程咨询服务为基础，研究全过程工程咨询服务内容（如图1-2）。

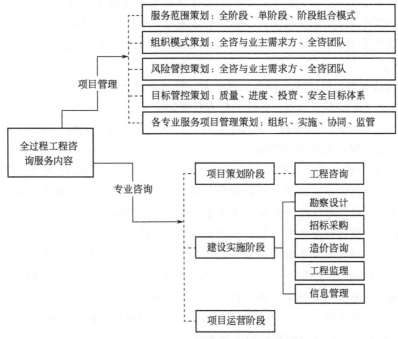

图1-2 全过程工程咨询服务内容框架

1.2.4.1 项目管理服务内容

项目管理是全过程工程咨询的核心要素，也是必不可少的要素。项目管理不是简单的工程管理，是以结合工程专业咨询技术的管理服务为项目增值的管理过程。不仅仅是对项目建设进行策划、组织和管控，同时也要对全过程工程咨询服务进行策划、组织和管理，并且要将两者之间进行有效的融合。

项目管理的具体实施内容是随着市场、项目、客户需求的变化而改变的，与之对应的咨询服务内容也不尽相同。本书以国有资金项目的全阶段全专业全过程工程咨询为研究对象，项目管理包含项目策划管理，程序合规性管理，三控三管一协调的管控，项目参建单位管理，各专业咨询板块的协同管理，以及项目计划、安全、信息、沟通、风险、人力资源等管理协调工作，不同的建设阶段侧重不同。

（1）全过程工程咨询项目管理

① 全咨服务范围确定：依据服务对象需求、项目具体情况，按全阶段、单阶段、阶段组合模式策划全过程工程咨询的具体服务范围。

② 组织模式及团队管理：包含全咨服务团队与业主需求方的组织管理模式、工作制度、流程；全咨服务团队组织架构、人员配备及人员要求、岗位职责等。

③ 风险管理：根据风险识别建立风险清单，进行风险对策研究并实施记录、反馈，进行调整纠偏，形成PACD的闭环管理模式。

④ 目标管理、计划管理：围绕整改项目建设的总目标，实施目标、计划管理，包含：

a.项目总体工作流程策划，确定项目的工作程序、工作制度。

b. 拟出项目总体进度计划。

c. 拟出项目工程资金使用计划。

d. 总体进度计划的实施调整,提出总进度计划修改方案和有效措施。

e. 掌握工程资金的实际使用情况,提出资金使用计划的调整方案。

⑤ 质量奖项策划：根据项目的特点、建设方资金情况及项目功能需求,合理地策划项目质量奖项方案。

⑥ 专项设计策划：针对建设规模相对较大、技术含量较高、复杂工程项目建立专项设计项目表单,如交通流线专项策划、运维能耗专项策划。

⑦ 新技术、新工艺、新材料、新设备运用,信息化管理运用策划。

（2）对专业咨询实施的项目管理

① 工程咨询管理　项目前期决策阶段的工程咨询主要是针对委托人的投资意向进行项目定位,确定项目目标,也是整个项目建设成功的重要环节。项目前期咨询服务主要包含机会研究、项目建议书、可行性研究报告及其他专项报告的编制。

a. 拟订前期工程咨询服务方案及工作计划,组织实施、评审。

b. 协助审查并分析前期咨询市场调研资料,并与委托单位进行充分沟通。

c. 组织并促成一般机会研究的初步鉴别,项目投资意向转变为概略的项目提案和投资建议。

d. 组织项目投融资方案评审,提出投融资方案建议。

e. 审查前期咨询成果文件,组织相关评审会议,并督促修改意见的落地。

f. 拟订并实施前期报批报建程序的计划管理。

② 设计管理　项目设计阶段对投资成本的影响率可以达到80%甚至更高,这一阶段是将决策目标转化成设计成果的过程,是决定项目质量、投资、效益的关键环节,同时也是贯穿项目建设实施到项目运营过程的一项专业咨询。项目管理在这个阶段的一项重要工作就是要从"全过程"视角策划设计与各阶段、各专业的融合关系,如：将设计与施工融合,即在设计过程中考虑施工技术与工艺的选择、设计的可施工性及经济性（在设计过程中充分地考虑施工技术和工艺对设计成果的影响）；将设计与招标采购和造价融合（在设计过程中充分地考虑采购与造价对设计的制约、分期开发、进度要求、标段的划分）；将设计与运维融合（在设计过程中充分考虑产品的可运维性及运维的经济性）,结合以投资管控为目的的限额设计概念,实施以下设计管理工作。

方案设计阶段：

a. 制定设计方案评审标准,组织设计方案的论证及评审；

b. 协助对设计评审中拟选设计方案修改意见的落实；

c. 组织、参与对建筑方案修改设计的评审；

d. 制订方案设计的进度计划并对进度进行跟踪。

初步设计阶段：

a. 组织编制勘察任务书和设计任务书（含限额指标）；

b. 对地块测量和勘探的管理；

c. 编制初步设计进度计划及跟踪设计进度；

d. 审查初步设计所用的规程、规范及标准；

e. 协调初步设计中各专业之间的关系；

f. 对初步设计中的技术重点、难点进行跟踪；

g. 审查设计概算并跟踪管理；

h. 协助协调设计和有关政府主管部门之间的关系，包括消防、环保、供水、供电、市政、交通、通信、建管、规划管理等部门；

i. 审查初步设计图纸及说明书。

施工图设计阶段：

a. 督促设计按批准的初步设计文件进行施工图设计；

b. 对主要建筑装饰材料的规格、标准、色调设计进行重点跟踪；

c. 跟踪管理设计进度；

d. 协助协调施工图设计中各专业之间的关系；

e. 审查设计文件的质量；对设计文件的执行情况进行考核，对限额执行情况进行考核，等等。

③ 招标采购管理　招标采购是规范建设程序、降低建设风险的重要手段，必须根据建设项目批复的招标采购方式，结合相关法律法规及项目资金、项目规模、总进度计划、招标采购周期，并结合施工周期进行具体项目招标采购的策划，并从以下几个方面实施管理：

招标策划：

a. 依据项目整体工期要求、开发时序，合理地进行标段策划；

b. 合理地确定合同承发包模式、投标报价方式及合同结算方式；

c. 实施招投标、合同风险评估并拟订风险对策。

工程招标管理：

a. 组织编制并审核招标文件、合同；

b. 组织办理招标审批手续；

c. 组织预审投标单位的资质，提交业主审定；

d. 组织招标、评标工作；

e. 组织办理中标手续；

f. 协助业主与中标单位进行合同谈判、签订。

设备采购管理：

a. 拟出设备采购计划，拟订采购方式、要求和合同条件；

b. 对所采购材料和设备提出专业意见，报业主审核后确定；

c. 有必要时配合业主考察生产厂家的资信、生产能力、供货能力、售后服务能力等；

d. 组织设备采购招标，对供货投标方的标书进行评估，报业主审批决定；

e. 协助业主进行设备采购合同的洽谈、签订；

f. 跟进所采购的材料、设备的供货准备过程，检查供货进度，协调工程需要与供货计划；

g. 跟踪管理进场材料、设备的验收工作；

h. 建立设备保修档案。

④ 合同管理

a. 策划工程合同的体系、合同的衔接及合同管理程序；

b. 编制、审核有关的设计、施工、监理、供货等合同；

c. 协助业主洽谈并签订工程合同，跟踪并监管合同履约情况（含设计变更、索赔）；

d. 建立合同及合同履行相关文件的资料档案。

⑤ 工程造价管理

a. 组织编制并审查投资估算，建立投资目标体系及限额经济指标、技术指标；

b. 组织编制并审查项目概算、工程量清单及工程预算，进行纵向偏差分析；

c. 对施工过程中工程价款实施管理；

d. 对施工过程投资进行动态管理，分析变化原因；

e. 对工程造价变更管理；

f. 对项目资金使用、工程款支付实施动态管理；

g. 组织结算工作，协助业主与承包单位达成结算。

⑥ 施工建造管理　施工建造阶段是建设项目能否成功的关键阶段，项目管理在此阶段除对工程监理实施管理外，还须代表建设单位实施日常管理工作，完成工地协调、落实工作，包括：

a. 组织建立工程实施管理系统，使设计、承包、监理等各单位形成一个有机的整体；

b. 掌握施工质量情况，核查、落实工程进度实施情况，并作好记录；

c. 审查现场有关质量技术签证、文件等；

d. 协调咨询专业服务与业主单位、承包单位等参建单位在施工过程中的关系，组织工程会议；

e. 审查工程变更和设计变更，监督、检查分项、分部工程的验收；

f. 跟踪承包商主要材料的订货情况、专业分包发包情况；

g. 协助业主组织竣工验收、办理竣工资料备案手续、签发保修通知书；

h. 建立工程管理档案。

⑦ 竣工验收管理

a. 以施工设计图的设计要求、国家施工和验收规范及合同规定的质量要求为标准，对工程进行工程验收及对工程质量进行评估，并提出评估报告；

b. 督促承包商按国家建档标准收集整理齐全的技术档案资料及竣工图纸，并对其进行审核。

⑧ 项目运营期项目管理　运营期的项目管理不仅是项目竣工验收交付后的管理，也包含项目决策期、建设期的运营准备策划，主要包含：

运营准备：

a. 组织相关技术人员参与前期方案规划、设计评审，提出技术要求；

b. 组织参与重大设备采购的管理、设备调试等；

c. 组织实施项目运维交付。

运营阶段：

a. 组织编制并审核项目运营方案；

b. 组织编制并审核项目运营机制、组织结构、运营目标；

c. 按项目运营各项指标目标实施对运营的管理。

1.2.4.2　专业咨询服务内容

专业咨询服务在专业技术服务上参照本系列丛书各专业板块分册要求实施，对各专业板块实施的项目管理主要是通过前期对各专业界面、参与程度和职责分工进行策划，并通过统筹的管理和协调实现全过程咨询服务各专业的技术集成，在作业遵循项目管理策划中对各专业间的融合要求的前提下，按照各专业技术标准和要求开展咨询服务工作内容（表1-2），与项目管理形成集成化、一体化服务体系。

表1-2 专业咨询服务内容

项目	专业板块	专业咨询服务涵盖的内容	主导专业人员	协同专业人员
项目决策	投资研究	机会研究、项目建议书、可行性研究报告、专项研究报告及策划咨询（质量、进度、投资目标策划）、规划咨询（规划方案）、投融资策划	项目管理人员 工程咨询专业人员	造价咨询专业人员 监理专业人员 运营专业人员 信息专业人员
	工程咨询	项目建议书、可行性研究、投资估算、方案比选、信息化等		
建设实施	勘察设计	初步勘察、方案设计、初步设计、详细勘察、设计方案比选与优化、施工图设计、BIM及专项设计	项目管理人员 勘察专业人员 设计专业人员	造价咨询专业人员 监理专业人员 运营专业人员 信息专业人员
	招标采购	招标策划（程序合规、合理性，标段划分可操作性，等等）、市场调查、招标文件编审（含清单控制价）、合同条款策划（商务条款、风险条款）、招投标过程管理 ① 招标采购程序的合规合法（招标方式、招标文件条款、评标定标）、无虚假招标情形 ② 标段划分合理性，投标报价要求的合规性 ③ 招标工程量清单的准确性、清单描述的贴切性 ④ 招标文件商务条款与招标工程量清单、控制价、设计文件是否匹配 ⑤ 招标文件载明的风险防控措施是否与前期拟订的风险应对措施匹配 ⑥ 合同商务条款、风险应对措施与招标文件、招标清单匹配 ⑦ 不平衡报价	项目管理人员 招采专业人员	设计专业人员 造价咨询专业人员
	造价咨询	投资目标值测算、限额指标确定、估算、概算、预算、施工过程造价管理（工程变更、索赔及合同争议处理）、结算、决算、保修、项目后评价	项目管理人员 造价咨询专业人员	工程咨询专业人员 设计专业人员 监理专业人员 运营专业人员 信息专业人员
	工程监理	工程质量、造价、进度控制，勘察及设计现场配合管理，安全生产管理，工程文件资料管理，安全文明施工与环境保护管理，等等	项目管理人员 监理专业人员	造价咨询专业人员 勘察专业人员 设计专业人员 信息专业人员
	信息管理	数据模型、信息平台、协同管理平台	项目管理人员 信息专业人员	设计专业人员 造价咨询专业人员 监理专业人员 运营专业人员
项目运营	运营维护	质量缺陷期管理、项目后评价、运营管理、项目绩效评价、设施管理、资产管理	项目管理人员 运营专业人员	设计专业人员 造价咨询专业人员 信息专业人员

1.2.5 全过程工程咨询服务目标

项目目标一般包含项目质量、安全、进度、投资等主要目标,全过程工程咨询服务必须围绕委托单位项目建设的基本目标,并结合项目实际开发周期、单项/单位工程进行详细的目标策划,作为全过程工程咨询服务的总体目标。项目目标的策划是从大到小、从粗到细,而项目目标的实现是从小到大、从细到粗的过程,同时在实施中以大目标为宗旨,动态地修正和调整小目标,这样才能实现项目建设目标,达成全过程工程咨询的服务目标。

1.2.5.1 质量目标

项目的质量目标是项目在质量方面所追求的目标,包括总目标和分解的具体目标的制定:项目质量总目标是项目拟达到的总体质量水平,项目质量的具体目标包括项目的性能性目标、可靠性目标、安全性目标、经济性目标、时间性目标和环境适应性目标等。

(1) 必须满足的建设工程强制性质量目标 工程建设勘察、规划、设计、施工(包括安装)及验收等通用的综合标准和重要的通用的质量标准;工程建设通用的有关安全、卫生和环境保护的标准;工程建设重要的术语、符号、代号、计量与单位、建筑模数和制图方法标准;工程建设重要的通用的试验、检验和评定等标准;工程建设重要的通用的信息技术标准;国家需要控制的其他工程建设通用的标准。

(2) 工程质量奖项目标 考虑质量与成本之间的关系,国家、地方质量奖项的目标策划,更应结合项目实际情况、业主建设需求、资金情况综合考虑,对国家重点项目、地方标志性项目或需求方有特殊要求的建设项目可以考虑国际、国家级奖项目标,地方重点可以考虑地方奖项目标,普通常规项目能达到国家规定验收标准优良。

(3) 工程质量策划考虑的因素 不同的项目、不同的目的、不同的需求,其质量目标策划的内容和方法也不相同,质量目标策划应考虑的基本因素主要有:

① 项目本身的功能性要求;
② 项目的外部条件,如工程项目的环境条件、地质条件、水文条件等;
③ 市场因素;
④ 质量经济因素。

1.2.5.2 进度控制目标策划

项目进度目标管理是项目实施过程中,对各阶段的进展程度和项目最终完成的期限所进行的管理。进度目标拟订应遵循进度目标的策划,必须科学、客观,总体上应满足建设项目的质量要求,符合建设项目的建筑体量、市场情况和施工质量要求。

(1) 进度计划编制的基本要求 项目进度计划从粗到细可以分为里程碑节点、一级计划(季)、二级计划(月)、三级计划(周/旬)。编制进度计划前要进行详细的项目结构分析,系统地剖析整个项目构成和相互之间的关联关系,包括实施过程和细节,系统规则地分解项目。项目结构分解的工具是工作分解结构WBS原理,它是一个分级的树形结构,是将项目按照其内在结构和实施过程的顺序进行逐层分解而形成的结构示意图。通过项目WBS分解,将项目分解到相对独立的、内容单一的、易于进行成本核算与检查的项目单元,做到明确单元之间的逻辑关系与工作关系,做到每个单元具体地落实到责任者,并能进行各部门、各专业的协调。

（2）目标进度计划编制依据　项目进度计划的编制是为了有效地推进项目建设，因此必须是科学、合理、可行的，进度目标计划编制必须充分结合并依据以下因素：

① 建设项目自身要素影响，如项目建设规模、项目结构类型、项目开发节奏等；
② 建设环境影响，如建设场地、资源供应状况、市场供应环境变化、政策环境变化等；
③ 建设期内可预计或已规划的国家、省市重大活动的影响；
④ 其他不可预计因素造成的影响。

（3）目标进度计划编制的方法　进度计划编制主要工具是网络计划图和横道图，以结果为导向，反向推算各里程碑节点的开始时间，再深入细化到各阶段、各环节的开始时间，通过绘制网络计划图，确定关键路线和关键工作，合理编制详细的包含项目总进度计划、一级进度计划、二级进度计划、三级进度计划以及重要节点进度计划的进度体系（如图1-3），既作为项目建设推进的依据，也作为全过程工程咨询服务工作开展进度控制的依据。建设项目各阶段及全过程工程咨询各专业服务的进度管理在各对应分册中将详细阐述，本分册不重复阐述。

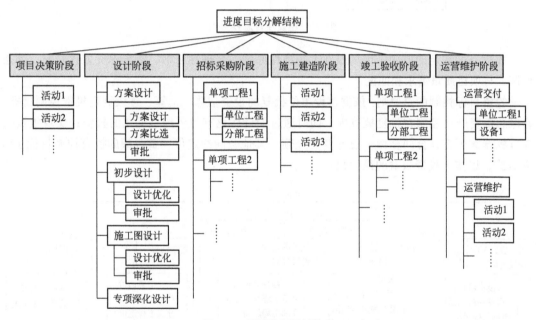

图1-3　项目进度目标体系

1.2.5.3　投资目标控制策划

建设项目总投资是指为完成工程项目建设并达到使用要求或生产条件，在建设期内预计或实际投入的全部费用总和。生产性建设项目总投资包括工程造价（或固定资产投资）和流动资金（或流动资产投资），项目建设投资包含静态投资和动态投资两部分，其中静态投资主要是项目的建设投资，也是项目建设过程中重点管控的部分（如图1-4）。建设投资包含了项目建设过程中的工程费用、工程建设其他费用以及预备费。从总投资构成分析，工程建设其他费用会随着工程费用的变化而变化，预备费受市场、政策影响较大，工程费用是整个建设投资中占比较大、不可预计的变化因素较多的部分，也是投资管控的重点。

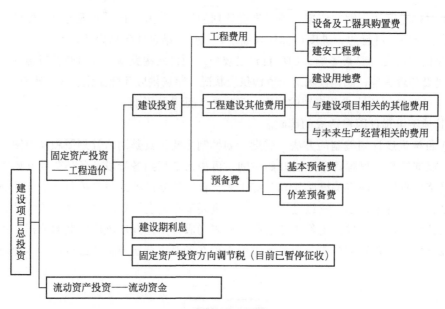

图 1-4　建设项目总投资构架

投资目标制定的原则：市场原则、经济性原则、合理性原则、资金筹资方式匹配、动态可调、与项目质量需求相匹配。

投资目标控制的总原则：依据建设单位批复的投资估算、概算，逐级制定投资控制目标，确保总投资严格控制在批复概算内，同时通过设计优化有效节约可优化的投资；实现投资估算≥概算≥预算≥合同金额+设计变更金额+其他合同约定可调整金额的投资控制目标（如图1-5），以实现投资效益的最大化。

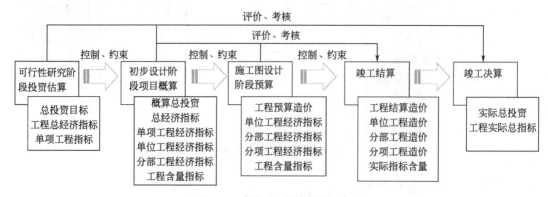

图 1-5　建设项目投资控制目标

投资控制目标体系建立：在建设项目投资目标管理体系中，建立投资总目标、单位工程目标、成本目标体系，同时建立与投资目标体系相匹配的设计任务书，作为建设项目投资中的重要组成部分，即建造成本的控制。建设项目投资管控是全过程工程咨询服务的核心任务之一，在本丛书第九分册中将予以系统、详细地阐述。

1.2.5.4　安全文明管理目标

《中华人民共和国安全生产法》规定了生产经营单位在新建、改建、扩建工程中，安全设施必须坚持"三同时"的原则。所谓"三同时",即建设项目的安全设施,必须与主体工程同时设计、同时施工、同时投入生产和使用。建设项目安全生产目标拟订和实施管理过程中应该遵循安全生产设施"三同时"要求,建立满足管理要求的安全生产目标。

(1)控制指标　消灭四级以上重大伤亡事故,年轻伤负伤率频率控制在3‰以内。

(2)安全达标目标

① 严格执行国家有关法律法规和《建筑施工安全检查标准》(JGJ 59—2011),在各次安全达标检查合格的基础上,争创优良工程。

② 公司每月定期安全检查必须达到80分以上,消灭零分项。

③ 公司配合安监站达标督查的自查评分必须达到75分以上,消灭零分项。

(3)文明施工达标目标　严格按照《建筑施工安全检查标准》(JGJ 59—2011)和省市文明施工有关规定,在安全达标督查合格的基础上,争创文明施工样板工地。

1.2.5.5　全过程工程咨询服务目标评判依据

根据《中央企业固定资产投资项目后评价工作指南》(国务院国有资产监督管理委员会2005年文件)和《国家发展改革委关于印发中央政府投资项目后评价管理办法和中央政府投资项目后评价报告编制大纲(试行)的通知》(发改投资〔2014〕2129号)、《财政部关于印发〈财政支出绩效评价管理暂行办法〉的通知》(财预〔2011〕285号)、《关于推进预算绩效管理的指导意见》(财预〔2011〕416号)及《关于印发〈预算绩效评价共性指标体系框架〉的通知》(财预〔2013〕53号)等相关文件规定,借鉴项目的后评价和绩效评价中的指标因素作为优质建设项目的评判标准。

① 项目立项的规范性。包括项目申报合规性、项目决策必要的过程。

② 绩效目标合理性。包括绩效目标依据充分、合法合规和绩效目标可行性。

③ 绩效目标明确性。包括项目绩效目标的投资目标、功能目标、规模目标、技术目标、环境目标、节能目标、社会满意度目标的可衡量性。

④ 项目实施准备情况。包括项目勘察设计的合规性及程度、招投标组织实施的合规性。

⑤ 项目资金审核的合规性、资金的到位率和及时率。

⑥ 制度执行的合规性和落实性。

⑦ 合同管理的可控性强,少变更。

⑧ 项目质量标准的健全性和质量控制措施,安全施工措施的充分性。

⑨ 管理制度的健全性、资金使用的合规性、财务监控的有效性。

⑩ 质量目标、时间目标、投资目标、劳动安全和卫生消防目标实现程度高。

⑪ 较好的社会效益、生态效益,对所在地的可持续影响。

⑫ 项目技术的先进性、适用性、经济性、安全性。

⑬ 项目对地区、企业效益的作用和影响。

⑭ 项目对环境和社会影响性。

1.2.6　项目建设程序管理

当前社会环境、社会需求下,党中央、国务院高度重视创造良好营商环境和简政放权、放管结合、优化服务改革有关工作。中央领导强调:要清理、废除妨碍统一市场和公平竞争的各种规定和做法，激发各类市场主体活力，实施高水平的贸易和投资自由化、便利化政策；营商环境就是竞争力，就是生产力，推动经济发展的着力点要由"抓项目"转向"抓环境"，把"放管服"改革向纵深推进。2019年出台了《关于全面开展工程建设项目审批制度改革的实施意见》（国办发〔2019〕11号），对工程建设项目审批制度提出了实施全流程、全覆盖改革的要求，明确了"加大转变政府职能和简政放权力度，全面开展工程建设项目审批制度改革，统一审批流程，统一信息数据平台，统一审批管理体系，统一监管方式，实现工程建设项目审批'四统一'"的指导思想。

意见中明确了根据工程建设项目类型、投资类别、规模大小等，分类细化审批流程，确定审批阶段和审批事项，推行并联审批、精简审批环节、完善审批体系，并将工程建设项目审批流程主要划分为立项用地规划许可、工程建设许可、施工许可、竣工验收四个阶段。

① 立项用地规划许可阶段：主要包括项目审批核准、选址意见书核发、用地预审、用地规划许可证核发等。

② 工程建设许可阶段：主要包括设计方案审查、建设工程规划许可证核发等。

③ 施工许可阶段：主要包括设计审核确认、施工许可证核发等。

④ 竣工验收阶段：主要包括规划、土地、消防、人防、档案等验收及竣工验收备案等。

其他行政许可、强制性评估、中介服务、市政公用服务以及备案等事项纳入相关阶段办理或与相关阶段并行推进。

项目建设的程序合规合法是规范建设市场、合理利用资源、有效保障建设目标的前提条件，随着《关于开展工程建设项目审批制度改革试点的通知》（国办发〔2018〕33号）的印发、《关于全面开展工程建设项目审批制度改革的实施意见》（国办发〔2019〕11号）的印发，各省市、地区在不断地优化管理程序，同时也出台地方项目建设程序管理的办理流程。全过程工程咨询服务必须依据新的国家政策文件并结合地方管理办法，制定各阶段程序管理内容、资料要求、时间节点要求（表1-3）。

表1-3 项目建设程序审批管理表

审批阶段	审批内容		需准备的资料	启动时间	完成时间	批复核发
立项用地规划许可阶段	项目审批核准					
	选址意见书					
	用地预审					
	用地规划许可					
	其他	行政许可				
		强制性评估				
		服务备案				
工程建设许可阶段	设计方案审查					
	建设工程规划许可					
	其他	行政许可				
		强制性评估				
		服务备案				

续表

审批阶段	审批内容		需准备的资料	启动时间	完成时间	批复核发
施工许可阶段	设计审核确认					
	施工许可					
	其他	行政许可				
		强制性评估				
		服务备案				
竣工验收阶段	规划、土地、消防、人防、档案等验收					
	竣工验收备案					
	其他	行政许可				
		强制性评估				
		服务备案				

注：项目建设程序管理在国家政策的总指导思想下，应注意结合以下几点。
1. 项目建设所在地的政策、文件和相关管理办法；
2. 对项目性质、资金来源、建设周期进行合理的编制。

第2章

全过程工程咨询组织机构筹划

众所周知,项目管理指在工程项目全生命周期的全过程(各阶段),对项目各参与单位,包括项目投资方、开发方、设计方、施工方、其他咨询方以及使用阶段的运维管理方等的管理。工程管理模式关注的是管理对象、管理方法、管理内容、管理工具、管理程序等,这些在各个工程管理领域都有各自的理论体系结构和实践经验,主要通过结合工程技术与管理服务为项目增值。而组织是指由诸多要素按照一定方式相互联系起来的系统,组织模式关注的是组织结构、组织内职能与任务分工、组织内流程等。国务院办公厅《关于促进建筑业持续健康发展的意见》(国办发〔2017〕19号)在"完善工程建设组织模式"中,提出"培育全过程工程咨询""鼓励投资咨询、勘察、设计、监理、招标代理、造价等企业采取联合经营、并购重组等方式发展全过程工程咨询,培育一批具有国际水平的全过程工程咨询企业"。从该文件可知,政府提出全过程工程咨询是改进和创新组织模式,而不是工程管理模式。

目前,在一些实施全过程工程咨询的项目中,将原来由不同的企业承担的分段或分块(所谓的"碎片化")管理,现在交由一家企业(或联合体)来承担。但是,提供的服务方式和管理模式并没有改变,虽然在形式上是一家企业在进行全过程工程咨询,其实质上仍是碎片化管理。拼凑(拼接)式的"碎片组合",并没有真正体现出集成管理带来的服务效益、增值效益。

组织策划方案是组织实施建设项目全过程工程咨询工作的指导性文件。一份完整有效和可操作的组织策划方案,应具有前瞻性和目的性,在指导全过程工程咨询工作的同时,使整个咨询管理工作变得更加科学、合理。全过程工程咨询单位应根据全过程工程咨询合同约定的服务内容、服务期限,以及项目特点、规模、技术复杂程度、环境等因素,组建项目全过程工程咨询团队(即咨询项目部)。团队(即咨询项目部)综合运用工程项目管理的知识和技术，为寻求解决建设项目决策、设计、交易、施工建造、运营维护等各个阶段中存在问题的工程项目管理的最佳途径而提供智力服务。

本章以全过程工程咨询各阶段的核心工作内容为出发点，系统阐述全过程工程咨询组织管理的相关内容。从组织架构搭建、实施团队配置、工作职责等方面做出具体介绍，为后续的全过程工程咨询的顺利实施打下基础。

2.1 全过程工程咨询组织模式

2.1.1 全过程工程咨询服务模式下各参与方关系

各建设项目，建设单位对工程咨询单位的服务需求不一，其关注重点也就不一样，故其工程咨询服务的组织模式也不一样。本章以政府投资的DB模式，以全过程工程咨询的视角，对全过程工程咨询服务的组织结构进行研究。全过程工程咨询服务模式下，建设项目参建、管控单位之间的关系如图2-1。

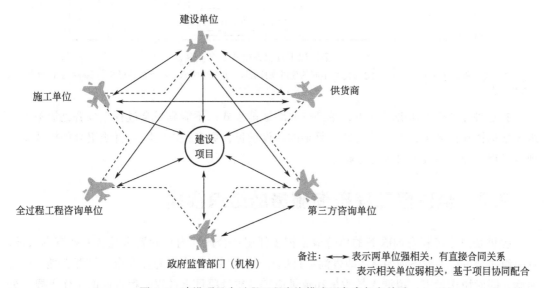

图 2-1　建设项目全过程工程咨询模式下各参与方关系

从以上关系图可以看到，在全过程工程咨询模式下，项目的参建方较传统模式更精简，整个建设项目中建设单位委托的咨询服务单位数量大幅减少。以前需要多次招标委托的工程咨询、勘察、设计、招标代理、项目管理、工程监理、造价咨询、BIM咨询等单位化零为整，形成一个全过程工程咨询服务合同，有效地提升了沟通协调效益。

2.1.2 全过程工程咨询服务模式下各专业间的关系

在全过程工程咨询服务模式下，项目决策、工程建设、项目运营各阶段的流程已不再是按传统的阶段或按传统的阶层式（瀑布式）组织程序来实施，实施阶段（甚至是运营阶段）的管理任务部分职能提前（如成本分析、采购策划、技术咨询等）到前期决策阶段中实施，形成一种"嵌入（融合）"的专业咨询模式（如图2-2）。然而，具体的业务（投资咨询、勘察、设计、监理、招标代理、造价）都有完整的技术标准和管理标准，不需要因为提供全过程工程咨询服务而进行研究。真正需要的是对这种专业融合服务模式下，提供全过程工程咨询服务的企业本身或者是服务团队的组织模式、全过程工程咨询服务企业与业主单位的组织管理模式的策划。

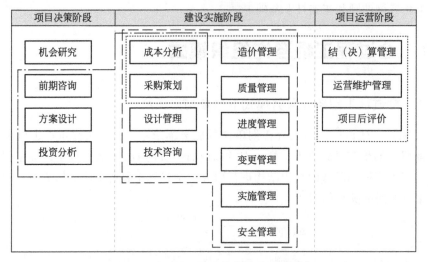

图 2-2　全过程工程咨询模式下专业融合

注：全过程工程咨询服务的专业融合随着不同的建设项目需求、投资方需求，有着多种形式、多种模式的组合，本图仅为示意。

在这种专业咨询服务模式下，单纯的直线职能模式已不能满足全过程工程咨询服务团队组织架构搭建的需求，尤其是大型、复杂的建设项目，更多是以矩阵–直线组合的模式来实现全过程工程咨询服务团队的专业融合。

2.2　全过程工程咨询服务的组织模式

提供全过程工程咨询服务的单位应根据委托服务合同的内容和要求配备专业咨询人员，及时组建全过程工程咨询团队（即咨询项目部）。咨询项目部力求专业齐全、搭配合理、分工明确，同时协作紧密，拟派人员质量和数量应满足建设项目全过程工程咨询的工作需要。公司层级的组织机构见图 2-3。

咨询项目部，一般由总咨询师、专业咨询负责人、专业咨询工程师和行政后勤人员组成。另根据委托服务合同的约定和各咨询单位内部监控体系的要求，部分项目还将增设质控工程师等。

全过程工程咨询单位应书面授权委托项目全过程工程咨询的负责人，即项目的总咨询师，并实行总咨询师负责制。总咨询师应根据全过程工程咨询单位的授权范围和内容，履行管理职责，对项目全过程工程咨询进行全面的协调和管理，并承担相应责任。

专业咨询工程师按全过程工程咨询策划方案的内容进行组织分工、任务分配，遵照国家现行法律法规、标准规范、质量手册等相关规章开展工作。参与全过程工程咨询策划方案的编制，负责编制各自所负责专业咨询服务的实施细则，完成所负责的专业咨询服务工作，对所承担的任务和出具的成果负责。

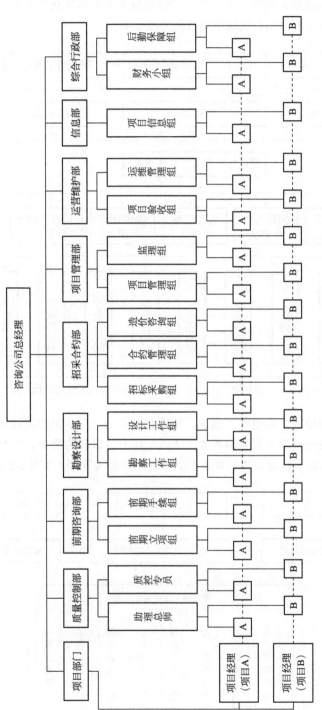

图 2-3 建设项目全过程工程咨询（公司层级）组织结构

较为复杂、大型的建设项目实施全过程工程咨询服务时，咨询项目部在项目实施全过程中，接受公司的业务管理、技术支持和后勤保证，接受委托人、监管部门的全程监督，对全过程咨询服务团队实施全面管理，全过程工程咨询服务专业团队接受专业负责人和项目管理对应管理人员的双重管理，项目层级组织机构见图2-4。

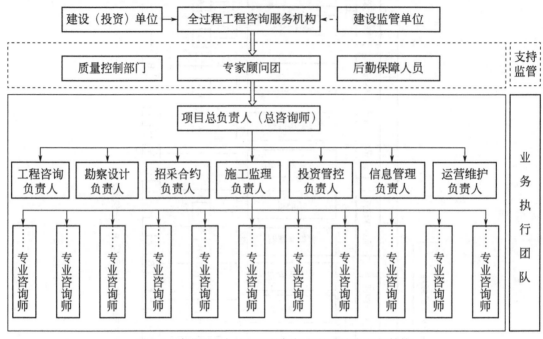

图2-4 建设项目全过程工程咨询（项目层级）组织结构

对于简单的建设项目，如单位工程少、建筑业态单一、工期短的建设项目，实施全过程工程咨询服务时，在全过程工程咨询服务团队的组建上可以较为简单，实行各专业咨询工程师组建一个服务团队组，直接由项目负责人即总咨询师直接管理（如图2-5）。

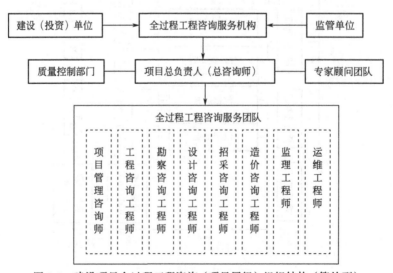

图2-5 建设项目全过程工程咨询（项目层级）组织结构（简约型）

2.3 全过程工程咨询服务的团队管理

全过程工程咨询是一个具有整体性、复杂性、长期性、系统性的工作，它不仅与咨询过程中牵头的工程咨询机构有关，还与参建项目的建设单位、施工单位、第三方审计机构等其他施工管理运营单位密切相关。工程项目实施过程中，各参建单位需协同配合，完成整体工作。实施团队的职责矩阵如表2-1所示。

在整个全过程工程咨询服务过程中，项目管理承担项目建设的管理，以及全过程工程咨询服务的工作计划、组织、实施、审核及团队内部管理的职责，不同的专业服务在不同的建设阶段有着不同职责要求。

2.3.1 各专业咨询工程师各阶段职责要求

2.3.1.1 项目决策阶段

本阶段工程咨询管理的核心任务是立项，重要成果文件是项目建议书、可行性研究报告和投资估算；全过程工程咨询单位协助建设方制定项目投资管理目标，参与方案比选、讨论以及确定；项目管理人员负责协调各方参与人员、全过程工程咨询团队，组织完成项目建议书/可行性研究报告的编制及评审工作，专业工作实施如下：

① 项目投资估算：由项目建议书或项目可行性研究报告编制单位（一般是工程咨询单位）根据项目设计单位提供的方案设计进行编制，并在编制的过程中研究方案的可行性，并在方案需要修改的地方给出调整意见。对于项目投资估算书编制资格，各地法规不同，如果法规允许，则可以由具有相应资质的咨询单位兼任编制单位。

② 可行性研究报告：依据工程项目性质的不同，可行性研究报告（含投资估算）由项目所属的国家或地方主管部门（如国家发改委或地方发改委、建设厅等）及其委托的专业评审机构进行评审，然后再进行行政审批（立项批复）。

项目建设方应明确投资方式和资金投入计划，配合项目投资估算的编制工作。

③ 全过程工程咨询专业服务：本阶段的专业牵头负责人员为投资咨询工程师，投资估算和项目经济评价报告的编制一般由造价咨询工程师主导完成。勘察、设计、招标采购、合约管理、项目管理、施工管理等岗位的专业咨询工程师为主要配合人员。

设计工程师应在理解建设单位及项目运营管理单位（或部门）的项目意图和要求的基础上，提供初步设计构想及方案。

项目运营管理工程师对项目提出运营管理要求，根据要求对项目方案提出意见，并参与讨论，选定最终方案。

2.3.1.2 勘察设计阶段

本阶段工程咨询管理的核心任务是工程勘察和设计工作，重要成果文件是勘察报告、方案设计文件、初步设计文件、施工图设计文件、BIM设计模型搭建、设计概算和施工图预算等。项目管理人员负责组织、协调并审核各项成果文件。

（1）工程勘察报告　勘察阶段的重要成果文件，一般由勘察工程师根据现场勘察情况结合试验报告结果编写而成，是初步设计和施工图设计的重要依据。

表 2-1 建设项目全过程工程咨询——职责矩阵

阶段划分	具体工作	核心服务内容（任务）	各专业咨询工程师协同情况（★主要责任人 ☆次要责任人 ○通知或征求意见）									
			投资咨询	勘察	设计	招标采购	合约管理	项目管理	施工管理	投资管控	信息管理	运营维护
项目策划	项目策划	1. 项目建议书	★		☆			☆		☆	☆	☆
		2. 可行性研究报告	★	☆	☆	☆	☆	☆	☆	☆	☆	☆
		3. 项目申请报告	★		○	☆	☆	☆		☆	○	
		4. 资金申请报告	★			○	○	☆	○	☆	○	○
		5. 环境影响评价	★	☆	☆	☆						
		6. 社会稳定风险评估	★	☆	☆	○				☆	○	○
		7. 职业健康风险评估	★	○	☆	○	○		○	○	○	○
		8. 交通评估	★	○	☆		○			○	○	○
		9. 节能评估	★	☆	☆	○	○			○	○	○
		10. 投资估算编制与审核	☆	★	☆			○	○	★	☆	
		11. 项目经济评价报告编制与审核	☆	★	☆			○	○	★	☆	☆
项目建造阶段	勘察设计	1. 勘察方案的编审		★	☆		☆	☆	○	○	☆	☆
		2. 初步勘察		★	☆				○	○	☆	☆
		3. 详细勘察		★	☆				○	○	☆	☆
		4. 勘察报告编审	○	☆	☆	☆	☆	☆	○	☆	☆	☆
		5. 方案设计及优化、评审	○	☆	★	☆	☆	☆	○	☆	☆	☆
		6. 初步设计及优化、评审	○	☆	★	☆	☆	☆	○	☆	☆	☆
		7. 施工图设计及优化、评审	○	☆	★	☆	○	☆	○	☆	☆	☆
		8. 施工图设计技术审查		☆	★	☆		☆	○	☆	☆	☆
		9. 设计概算的编制与审核	○	☆	★			☆	○	☆	☆	☆
		10. 施工图预算的编制与审核	○	☆	☆	○		☆	☆	☆	○	☆
		11. BIM设计模型搭建与审核		☆	☆			☆	☆	☆	★	☆

续表

各专业咨询工程师协同情况（★主要责任人 ☆次要责任人 ○通知或征求意见）

阶段划分	具体工作	核心服务内容（任务）	投资咨询	勘察	设计	招标采购	合约管理	项目管理	施工管理	投资管控	信息管理	运营维护
项目建造阶段	招标采购	1. 招标采购策划	○	○	☆	★	☆	☆	○	☆	○	○
		2. 招标文件的编制和审核	○	○	☆	★	☆	☆	☆	☆	○	○
		3. 招标工程量清单与控制价的编制和审核	○		☆	☆		☆	☆	★		
		4. 编制评标报告		○		★	☆	○	☆	○	☆	
	施工建造	1. 清标报告编制				☆	☆	☆	☆	★	☆	
		2. 施工合同签订及备案	○			☆	★	☆	☆	★	☆	
		3. 资金使用计划编制		○	○	○	☆	○	☆	★	☆	
		4. 工程进度计量审核		○	○	☆	☆	☆	☆	★	☆	
		5. 变更、签证及索赔管理			★	○	☆	☆	☆	★	☆	○
		6. 材料、设备的询价报告			☆	☆	☆	☆	☆	★	☆	
		7. 合同管理台账	○			○	○	☆	☆	☆	☆	○
		8. 设计交底与图纸会审	○	○	☆	○	○	☆	★	☆	☆	
		9. 监理规划和实施方案编制	○	○	☆	☆	☆	☆	★	○	○	
		10. 施工组织设计的编制与审核		○	○	☆	○	☆	★	○	○	
		11. 进度计划编制、审核、实施		○	○	☆	☆	☆	★	○	○	
		12. 质量计划编制、审核与实施				☆	☆	☆	★	○	★	
		13. HSE方案编制、审核与实施	☆	☆	○	○	○	☆	★	○	○	
		14. 信息管理方案编制、审核与实施	☆	☆		○	○	☆	☆	○	★	
		15. 工程保险	☆		☆	○	☆	☆	☆	☆	★	
		16. BIM施工模型搭建与审核		☆	☆	○	○	☆	★	☆	★	☆

续表

阶段划分	具体工作	核心服务内容（任务）	投资咨询	勘察	设计	招标采购	合约管理	项目管理	施工管理	投资管控	信息管理	运营维护
项目建造阶段	竣工验收	1. 地基与基础分部工程验收		☆	☆	☆	☆	☆	☆	☆	○	☆
		2. 主体结构工程验收		☆	☆	☆	☆	★	☆	☆	○	☆
		3. 单位工程验收		☆	☆	☆	☆	★	☆	☆	○	☆
		4. 消防等专业工程验收		☆	☆	○	☆	★	☆	☆	○	☆
		5. 竣工资料的收集与整理	○	☆	☆	☆	☆	☆	★	☆	☆	○
		6. 竣工结算的审核	☆	○	○	☆	★	☆	☆	★	☆	○
		7. 工程技术经济指标的分析	○	☆	☆	○	☆	☆	☆	★	☆	○
		8. 竣工决算的编制与审核	○	☆	○	○	☆	☆	★	★	☆	★
		9. 工程质量缺陷管理	☆	☆	☆	☆	☆	☆	★	☆	☆	☆
		10. 竣工移交	★	☆	☆	○	○	☆	☆	☆	★	★
		11. 使用维护手册的编制与审核	○		☆	☆	☆	☆	☆	☆	☆	★
		12. BIM竣工模型搭建与审核	○		○	☆	☆	☆	☆	☆	★	☆
运营维护阶段	运营维护	1. 项目后评价	★	☆	☆	☆	☆	☆	☆	☆	☆	☆
		2. 项目绩效评价	★	☆	☆	☆	☆	☆	☆	☆	☆	★
		3. 设施管理	○		○	☆	☆	☆	☆	☆	☆	★
		4. 资产管理	○		○	☆	☆	☆	☆	☆	☆	★
		5. BIM运维模型建立与维护			☆	○	○	☆	☆	☆	★	☆

注：各专业咨询工程师协同情况（★主要责任人 ☆次要责任人 ○通知或征求意见）

（2）方案设计文件、初步设计文件、施工图设计文件　本阶段所有成果均由勘察和设计工程师负责，由设计负责人带领专业的设计师完成，是项目后续施工的重要依据，也是编制设计概算和施工图预算的核心要件。设计阶段的BIM模型也基于此基础搭建。

设计人员将批复后的建筑方案、项目建议书和可行性研究报告作为设计指导，进行项目扩初设计，编制设计概算并协助评审工作。扩初设计和投资概算获取相关批复后，应以此为依据，设计完成项目施工图。

（3）设计概算和施工图预算的编制　全过程工程咨询单位应负责协调各方参与人员，完成项目设计概算的编制及评审工作；施工图预算或招标控制价由造价咨询专业人员完成编制，同时由招标采购、合约管理、项目管理、施工管理、投资管控、信息管理、运营维护等岗位的专业咨询工程师配合完成。

全过程工程咨询单位组织扩初设计成果汇报、讨论，对设计概算书进行内部审核，落实相关单位和内外部专家提出的优化和修改意见。分析比较扩初设计阶段与方案设计阶段的设计变化，深入研究变化部分对工程造价的影响，关注影响工程造价变化的风险点。完成扩初设计文件的修改、上报和评审配合工作，对审核过程中出现的问题作出解释，及时整理问题并修改完善；在配合完成审核工作的同时，对审核后的批复意见作出积极响应。

全过程工程咨询服务单位负责项目施工图设计的成果汇报、讨论，以预算成本分析指导施工图设计的优化。由投资管控专业人员协助配合设计师进行施工图设计，从造价管理和技术经济分析的角度进行不同方案对比和分析，将项目投资控制在合理的范围内。

（4）前置运营管理　项目运营管理单位（或部门）应提出项目运营管理要求，并参与项目扩初设计的成果汇报、讨论。随后细化项目运营管理要求，完善项目运营管理理念，参与内部评审，并配合完善施工图的设计成果。

2.3.1.3　招标采购阶段

本阶段工程咨询管理的核心任务是顺利地完成招标采购工作，重要成果文件是采购策划、招标文件、招标工程量清单及控制价、评标报告。

在招标采购阶段，以施工设计图纸以及招标文件为基础，完成招标工程量清单及控制价的编制，并在规定的时间和范围内完成招标控制价的相关评审工作。招标控制价文件的编制及评审数据和投标报价的编制数据是投资管理的核心数据。

在地方法规许可的前提下，招标代理工作也可以由全过程工程咨询单位完成，代表业主对接地方招投标主管部门，完成招标流程。

本阶段招标采购策划、招标文件及评标报告的编制均由招标采购专业工程师负责，招标工程量清单和控制价的编制由投资管控专业人员负责，设计、合约管理、项目管理、施工管理等岗位的专业咨询工程师是主要配合人员。

2.3.1.4　施工阶段

本阶段工程咨询管理的核心任务是顺利完成施工建造工作，针对施工项目进行投资控制、进度控制、质量控制、安全管理、合同管理、信息管理以及参建各方关于现场工作关系的协调。

在施工阶段，全过程管理的重担在项目管理工程师和监理工程师身上。他们按照建设合同工期要求和施工进度计划开展建设施工监督管理工作，履行各工程合同赋予的权利、义务。按照合同内约定的时间节点编制、上报、审核各类建设技术及管理文件。

全过程工程咨询单位的另一重要职责是严格控制工程变更，按照合同约定进行工程款支付，对造价进行动态监控；负责与施工单位沟通造价文件的编制和审核情况，配合建设单位的财务部门完成工程资金支付；整理和编制变更管理台账、进度款支付台账，定期向建设单位汇报项目造价和资金使用情况。协助建设单位跟进各类已签合同的执行情况，按照相关规范要求，做好项目竣工验收阶段各类评估、检测、验收、审计等技术服务合同和咨询合同的招标、委托、洽谈、签订和备案工作。

2.3.1.5 竣工验收阶段

本阶段工程咨询管理的核心任务是顺利完成项目的竣工验收，重要成果文件是单位工程竣工验收报告、工程竣工移交单、竣工结算审核报告。

本阶段的竣工验收和移交的工作重任一般压在项目管理和监理工程师、运维工程师身上。竣工结算初审及终审的配合一般由造价工程师负责。投资咨询、勘察、设计、招标采购、合约管理、信息管理和运营维护等岗位的专业咨询工程师均是主要配合人员。

竣工结算书由施工单位根据施工合同、招投标文件、工程变更文件、竣工图纸等进行编制、上报。一般由工程所在地行业主管部门及其委托的专业审计机构进行结算审核，部分建设单位会安排全过程工程咨询单位开展结算初审，并提出初审意见。

施工单位应在建设单位的协调下按照合同约定和主管部门的相关规定，按时、客观、准确地上报结算文件。

全过程工程咨询单位职责是对施工单位上报的结算文件进行必要的梳理，保证其完整性、准确性和客观性，派专业造价工程师跟进结算审核流程，跟进审核单位提出的结算审核意见，向建设单位反馈审核意见对工程实际造价的影响，并配合完成结算审核工作。竣工结算审核完毕，与财务部门对接，完成结算审核后工程款的支付流程。

2.3.1.6 项目运营维护阶段

项目竣工验收并移交后，项目进入运营维护阶段，运营维护工程师全面接手。全过程工程咨询单位应汇总各类过程文件，进行经济技术分析、投资效益评估等统计分析工作，形成项目竣工验收造价管理成果报告及项目后评估报告。

本阶段的工作重任压在运营维护管理工程师身上。项目后评价及项目绩效评价工作一般由投资咨询工程师负责。勘察、设计、招标采购、合约管理、项目管理、施工管理、投资管控、信息管理等岗位的专业咨询工程师均是主要配合人员。

2.3.2 全过程工程咨询实施团队

全过程工程咨询单位（含联合体）承接项目的全过程工程项目管理以及投资咨询、勘察、设计、造价咨询、招标采购、监理等全部专业咨询服务的，且同时具备相应的勘察、设计、监理等资质的，则勘察、设计、监理等专业咨询工作必须由全过程工程咨询单位（含联合体）实施，不得转包或分包，全过程工程咨询单位（含联合体）承担相应的工程质量安全等责任。

总咨询师应该具备高级及以上技术职称、建筑工程类相应的执业资格证书（注册证书）。总咨询师可同时兼任项目的勘察负责人、设计负责人、总监理工程师等一项或多项职务，并承担相应的质量安全等责任。总咨询师不兼任项目的勘察负责人、设计负责人或总监理工师的，总咨询师应任命具备相应资格的专业咨询工程师担任，由被任命的项目勘察负责人、设计负责人、总监理工程师承担相应的质量安全等直接责任，总咨询师承担质量安全等连带管理责任。总咨询师向投资人履行质量安全报告责任。

全过程工程咨询要求从业人员的专业结构齐全合理，各专业咨询负责人应具备本专业相应执业资格和管理经历。项目咨询服务团队中各专业工程师应具有相应的从业经验且需要配备齐全，应包括咨询工程师、勘察工程师、各专业的设计师、监理工程师、项目管理师、造价工程师、招标师和法务人员，各专业负责人必须具有相应执业资格和管理经历。

针对全过程工程咨询项目而言，项目咨询服务的能力主要体现在项目咨询服务团队，特别是总咨询师的执业能力和综合水平上。因此，有必要在招标选定全过程工程咨询机构时，依据项目特征和拟发包的全过程工程咨询服务范围和内容，对咨询服务团队以及总咨询师的执业资格和业绩经验提出具体的要求。

2.3.3 全过程工程咨询人员职责要求

2.3.3.1 全过程工程咨询总负责人的职责

① 牵头制订项目全过程工程咨询服务的组织架构、专业分工、决策机制、管理制度、工作流程以及相关表格和成果文件模板等，并组织实施。

② 组织编制全过程工程咨询服务规划、咨询目标，核准专业咨询服务实施细则。

③ 根据需求确定全过程工程咨询项目部人员及其岗位职责，特别是明确各专业咨询服务的负责人及其职责。

④ 根据工程进展及全过程工程咨询工作情况调配全过程工程咨询项目部人员。

⑤ 统筹、协调和管理项目全过程各专业咨询服务工作，检查和监督工作计划执行情况。

⑥ 参与组织对项目全过程各阶段的重大决策，在授权范围内决定任务分解、利益分配和资源使用。

⑦ 参与或配合全过程各专业咨询服务成果质量事故的调查和处理。

⑧ 调解投资人与承包人的有关争议。

⑨ 全过程工程咨询单位或投资人委托授予的其他权责。

2.3.3.2 全过程工程咨询专业咨询负责人的职责

① 参与编制全过程工程咨询规划，负责主持编制所负责专业咨询服务的实施细则。

② 复核专业组内所有成员的工作底稿，并对风险较高领域和关键问题的工作底稿进行重点复核，并负责向总咨询师汇报。

③ 组织专业成员对各级复核中发现的问题进行整改，确保各级复核的事项落实解决。

④ 负责专业咨询工作内容，具有专业咨询工程师职责。

2.3.3.3 全过程工程咨询专业咨询工程师的职责

① 专业咨询工程师应在项目总负责人及专业负责人的领导下，按专业分工，全面履行专业咨询工程师的岗位职责，负责本专业咨询岗位服务工作的具体实施。

② 参与编制全过程工程咨询规划，负责编制所负责专业咨询服务的实施细则。

③ 按工作计划、任务分配和现行法律法规、标准规范、质量要求等，完成所负责的专

业咨询服务工作,对所承担的任务和出具的成果负责。

④ 定期做专业咨询工作总结,向专业负责人汇报项目进展情况,针对重大问题及时向项目总咨询师汇报和请示。

⑤ 根据本专业咨询工作实施情况做好工作日志。

⑥ 负责本专业咨询资料的收集、汇总及整理,参与编写咨询报告。

⑦ 完成项目总咨询师安排的其他咨询服务工作。

2.3.3.4 后勤保障人员职责

① 对全过程工程咨询部已完成的资料进行验证、登记、保存。

② 对全过程工程咨询部与各建设参与方的往来函件进行登记归类管理。

③ 对全过程工程咨询部收集的技术经济资料(如取证资料、图片资料等)的管理。

④ 竣工后进行各类资料整理、装订、归档。

⑤ 做好咨询项目部的后勤保障工作。

2.3.3.5 质量控制部职责

① 参与质量管理制度和流程的建立、执行与完善。

② 负责全过程工程咨询部对应工程项目的成果文件复核工作。

③ 负责相对应部门工作疑难问题的解决。

④ 督促相对应部门针对工程复核中提出的问题进行整改。

⑤ 统计全过程工程咨询服务成果文件复核程序表中的问题,做到及时、准确,并上报报表。

⑥ 负责对相对应部门专业技术人员进行技术指导、培训。

⑦ 督促相对应部门一、二级复核人员按公司规定进行复核并做好记录。

⑧ 及时完成上级领导交办的其他工作。

2.3.3.6 专家顾问团职责

协助项目总负责人处理全过程工程咨询过程中的技术难题,对新技术、新工艺、新设备进行跟踪,及时掌握新技术、新工艺、新设备的相关技术要求,制定相关的施工技术方法,对全过程工程咨询人员进行技术指导,填补部分服务人员技术缺陷,为咨询服务质量保驾护航。

2.3.3.7 公司总工程师职责

① 主持制订大型和有重大影响项目的咨询服务实施方案工作,负责指导和审核项目经理(或项目总咨询师)的中小型项目的咨询服务方案编制工作。

② 对项目经理(或项目总咨询师)执业全过程进行技术指导。

③ 解答咨询业务实施过程中的技术问题,对重大疑难问题及专业上的分歧,寻找专业支撑,提出处理意见。

④ 负责公司咨询业务的第三级技术复核,督促相对应部门对项目的一、二、三级技术复核意见进行修正落实。

⑤ 对更新的软件、新颁布的工程管理(含法律法规)文件及时组织学习。

⑥ 针对全过程工程咨询业务开展过程中遇到的专业问题,建立全员参与研讨的互动机制,提高全体执业人员专业水平。

⑦ 结合咨询业务具体开展情况和咨询服务回访与总结情况，归纳其共性问题，并将存在的共性问题纳入质量改进目标，提出相应的解决措施与方法。

⑧ 对本单位全体员工进行定期技术培训，并负责向公司备案本单位全年培训计划和季、月度培训计划的调整情况。

2.4 全过程工程咨询的设施配置

全过程工程咨询单位宜按项目全过程工程咨询合同约定，配备满足全过程工程咨询工作需要的检测设备和工器具等，全过程工程咨询团队配备的相应设备设施仅为全过程工程咨询服务履约而用，不覆盖、不替代施工承包单位应履行的职责。设备配置如表2-2所示，需具体根据项目要求、工作需求进行增减。

表2-2 全过程工程咨询单位工程试验检测设备配置样表

类别	序号	设备名称	规格型号	主要性能参数	台数	用途
办公及通信设备	1	电脑				
	2	笔记本电脑				
	3	摄像机				
	4	数码相机				
	5	传真机				
	6	联想打印机				
	7	扫描仪				
	8	移动硬盘				
检测设备	9	钢筋保护层检测仪				
	10	测距仪				
	11	贯入砂浆强度检测仪				
	12	水准仪				
	13	经纬仪				
	14	全站仪				
	15	激光铅直仪				
	16	游标卡尺				
	17	回弹仪				
	18	电子秤				

第3章

项目决策阶段的咨询服务策划

项目决策阶段包括机会研究、项目建议书、可行性研究报告（包括确定投资目标、风险分析、建设方案等）、运营策划、专项评估报告（包括节能评估报告、环境影响评价、安全评价、社会稳定风险评价、地质灾害危险性评估、交通影响评价以及水土保持方案）等相关报告的编制以及报送审批，通过不断循环修正的信息收集和分析研究、方案设计和评价论证、方案修改再论证到抉择的过程，由粗到细、由浅入深，逐步明确建设项目目标，确定建设方案，拟订建设时序，重点解决"该不该建、在哪建、建什么、建多大、何时建、如何实施、如何规避风险、谁来运营、产生什么社会效应和经济效益"等重大问题。

建设项目决策阶段是确定建设项目目标的重要阶段，本阶段的全过程过程咨询服务亦是围绕这个任务中心开展工作。建设项目目标分为两个层次：宏观目标和具体目标。宏观目标是指项目建设对国家、地区、部门或行业要达到的整体发展目标所产生的积极影响和作用。具体目标是指项目建设要达到的直接效果，包括：效益目标、规模目标、功能目标、市场目标。本章节以项目具体目标为根本，阐述决策阶段全过程工程咨询工作的策划，项目决策阶段的具体全过程工程咨询服务工作的开展详见本系列丛书第四分册《全过程工程咨询决策阶段》中内容。

3.1 项目决策咨询服务组织策划

项目决策阶段涉及工程咨询、设计、造价、监理、运营等专业咨询，这一阶段的全咨服务组织策划重心是有效地进行生产计划的安排、组织和协调各专业团队技术力量，通过收集资料、调查研究、测算以及经济和技术方面的分析、论证，在信息充分、客观判断的基础上,完成项目决策阶段的机会研究、项目建议书、可行性研究报告及项目立项等各项目服务工作。本阶段组织职责的基本分工是项目管理人员对全过程工程咨询服务的实施进行组织、管理、协调、沟通,并组织咨询服务成果的评审,各专业咨询服务人员负责或配合完成各项专业咨询服务工作(如表3-1)。

表3-1 项目决策阶段咨询服务组织策划

策划任务	具体内容	咨询服务小组		
		管理	负责	参与
环境调查和分析	项目所处的建设环境,项目所要求的建筑环境,项目市场环境、政策环境以及宏观经济环境等	总咨询师或负责项目决策阶段的助理总咨询师	工程咨询专业人员	运营专业人员
项目定义和定论	项目建设的目的、宗旨及其指导思想,项目规模、组成、功能和标准,项目总投资和建设周期等			造价咨询专业人员 监理专业人员 运营专业人员
组织策划	项目组织结构分析、决策期的组织结构、任务分工以及管理职能分工、工作流程等			造价咨询专业人员 监理专业人员
管理策划	项目建设期管理总体方案、运营期管理总体方案等			运营专业人员
合同策划	规划项目合同结构总体方案、重要合同文本内容和对应招标采购方式等			造价咨询专业人员 招采专业人员
经济策划	进行建设成本分析、效益分析、建设成本分配,编制项目融资方案和资金需求计划方案等			设计专业人员 造价咨询专业人员
技术策划	项目功能分析、建筑面积分配以及工艺对建筑的功能要求等,技术方案和关键技术、新技术分析和论证,明确质量定位、技术标准和规范的应用			造价咨询专业人员 设计专业人员 监理专业人员 运营专业人员
风险分析	对政治风险、政策风险、经济风险、技术风险、组织风险和管理风险等进行分析			造价咨询专业人员 设计专业人员

3.2 咨询服务的流程

3.2.1 项目建议书

项目建议书咨询服务流程见图3-1。
① 项目建议书的编制由咨询团队的前期小组负责。
② 前期小组与委托人进行全面沟通,确定项目类型及行业类别,领会委托人目的,获取报告编制的必要信息。
③ 分析委托人的设想方案,全面、系统、透彻地了解其设想项目方案。
④ 认真调查研究,广泛收集资料。正式编制之前深入实际展开调查研究,了解、掌握项目的基本情况,收集设想项目涉及的各方面资料、信息、数据。
⑤ 依据搜集到的国民经济和社会发展规划、产业政策、区域规划、经济建设方针和技术经济政策等,结合各类资源情况、建设布局等条件和要求等信息资料,进行调研并进行预

测和分析，论证项目建设的必要性。

⑥ 针对不同项目，运用不同分析方法，分析论证项目建设的可能性。

⑦ 形成结论与建议，编制完成项目建议书。

⑧ 向委托人提报建议书，征求委托人建议及意见，适时调整报告。

⑨ 专家评审会或政府主管部门审核报告初稿。

⑩ 根据修改意见调整报告。

⑪ 获得立项批复文件。

3.2.2 项目可行性研究报告

项目可行性研究报告咨询服务流程见图 3-2。

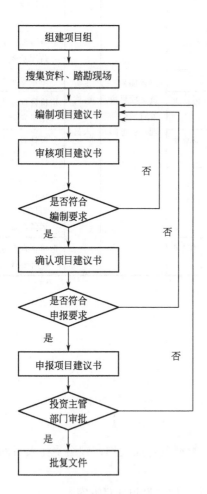

图 3-1 项目建议书咨询服务流程

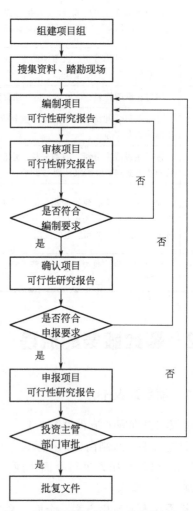

图 3-2 可行性研究报告咨询服务流程

① 项目可行性研究报告的编制由咨询团队的前期小组负责。

② 前期小组与委托人进行全面沟通，获取报告编制的必要信息。

③ 分析前期项目建议书，全面、系统、透彻地了解其项目。

④ 广泛收集资料。包括国家和地方的经济和社会发展规划、行业部门发展规划、地区规划，有关法律、法规及政策，工程建设标准、规范、定额，项目的自然、经济、社会概况等资料，合作方签订的协议书或意向书，有关市场信息资料或社会公众要求等资料。

⑤ 开展专题研究，市场研究、竞争力分析、厂（场）址选择、风险分析等。

⑥ 在上述基础上研究项目建设的必要性、市场与竞争力分析、建设方案、投资估算与融资方案、财务评价、经济评价、资源利用评价、土地利用及移民安置方案分析、社会评价、风险分析等内容。

⑦ 综合评价，并形成结论与问题建议，编制完成项目可行性研究报告（其他行政性审批报告作为可行性研究报告附件资料）。

⑧ 向委托人提报项目可行性研究报告，征求委托人建议及意见，调整报告。

⑨ 报请政府主管部门审批决策。

⑩ 获得有关批复文件。

3.2.3 PPP 项目两评一方案编制的策划

① 编制团队要求：PPP 项目两评一方案的编制涉及的专业多，技术要求比较高，应该由经验丰富的咨询团队负责编制工作，项目团队由项目负责人组织、协调和管理，应包含工程技术团队、经济财务团队、法律团队、招商团队、其他专家技术团队等。

② 了解当地政府类似项目的管理程序、流程、政策等。

③ 收集类似项目信息，收集技术经济参数、运营维护指标。

④ 掌握并熟悉项目的特点、全周期存在的风险因素及利益点。

⑤ 通过查阅、走访、沟通等方式，对不同模式下类似项目进行调研，分析不同模式下体现的优缺点，对问题进行梳理总结并予以规避。

⑥ 以查阅、走访、沟通方式，对项目前期资料进行分析研究，以充分掌握项目情况。

⑦ 结合边界条件研究初步风险分配，确定初步交易结构。

⑧ 初步完成物有所值评价和财政承受能力论证。

⑨ 完成实施方案初稿。

⑩ 协助组织召开方案汇报会议，与实施部门进行沟通讨论，修改完善实施方案。

⑪ 与政府各部门及有关其他部门多次全面沟通并征求意见，进一步完善实施方案。

⑫ 逐项完成物有所值评价报告、财政承受能力论证报告、实施方案，协助委托人按国家及地方规定的程序进行报批。

3.3 项目决策咨询服务关注的重点

项目建议书是项目决策阶段的根源所在，而可行性研究报告是在机会研究和项目建议书后的进一步深化及对项目可行性的深入研究和论证，形成项目的初步模型设想，即方案规划设计。故项目建议书、可行性研究、方案规划是投资决策重点。

3.3.1 项目建议书

项目建议书（或初步可行性研究报告）是项目的建议文件，是基本建设程序中最初阶段的工作，是投资决策前对拟建项目的轮廓设想，其主要作用是论述一个拟建建设项目建设的必要性、条件的可行性和获得的可能性，供投资人或建设管理部门选择，并确定是否进行下一步工作。

3.3.1.1 项目建议书编制的依据

（1）国家相关规定

① 国民经济的发展、国家和地方中长期规划。

② 产业政策、生产力布局、国内外市场、项目所在地的内外部条件。

③ 有关机构发布的工程建设方面的标准、规范、定额。

④ 其他相关的法律、法规和政策。

（2）建设项目资料

① 投资人的组织机构、经营范围、财务能力等。

② 项目资金来源落实材料。

③ 项目初步设想方案，如总投资、产品及介绍、产量、预计销售价格、直接成本及清单。

④ 联合建设的项目需提交联合建设合同或协议。

⑤ 根据不同行业项目的特殊要求需要的其他相关资料。

⑥ 全过程工程咨询机构的知识和经验体系。

⑦ 其他与项目相关的资料。

3.3.1.2 项目建议书编制的内容

项目建议书的编制是按照建设项目的隶属关系，根据国民经济和社会发展的长远规划、行业规划、地区规划及经济建设的方针、任务和技术经济政策等要求，结合资源情况、建设条件、投资人的战略、投资人的资历等，在广泛调查研究、收集资料、踏勘建设地点、初步分析投资效果的基础上，由专业咨询工程师进行编制。

（1）项目建议书的编制要点

① 重点论证项目建设的必要性。

② 全面掌握宏观信息，即国家经济和社会发展规划、行业或地区规划、线路周边自然资源等信息。

③ 根据项目预测结果，并结合用地规划情况及和同类项目类比的情况，论证提出合理的建设规模。

④ 尽可能全面地勾画项目的整体构架，减少较大建设内容的遗漏。

（2）项目建议书内容

① 总论　包括：项目提出的背景和概况，以及问题与建议。

② 市场预测　市场预测包括预测产品在国内、国际市场的市场容量及供需情况，初步选定目标市场，对价格走势进行初步预测，识别有无市场风险。

③ 资源条件评价　资源条件评价包括：资源可利用量、资源品质情况、资源赋存条件、资源开发价值。

④ 建设规模与产品方案　建设规模与产品方案包括：初步确定建设规模及理由和主要产品方案。

⑤ 场址选择　场址选择包括：场址所在地区选择（规划选址）、场址初步比选、绘制场址

地理位置示意图。

⑥ 技术设备工程方案　技术设备工程方案包括：技术方案、主要设备初步方案，以及主要建、构筑物初步方案。

⑦ 原材料、燃料供应。

⑧ 总图运输与公用辅助工程　总图运输与公用辅助工程包括：列出项目构成、绘制总平面布置图和主要的公用工程方案。

⑨ 环境影响评价　环境影响评价包括：环境条件调查、影响环境因素分析、环境保护初步方案。

⑩ 组织机构与人力资源配置　组织机构与人力资源配置主要包括估算项目所需人员数量。

⑪ 项目实施进度　项目实施进度主要包括初步确定建设工期。

⑫ 投资估算　投资估算主要包括初步估算项目建设投资和流动资金。

⑬ 融资方案　融资方案包括：资本金和债务资金的需要数额和来源设想。

⑭ 财务评价　财务评价包括：盈利能力分析、偿债能力分析和非营利性项目财务评价。

⑮ 国民经济评价与社会评价　国民经济评价与社会评价主要包括：初步计算国民经济效益和费用、经济内容收益率和以定性描述为主的社会评价。

⑯ 风险分析　风险分析主要包括：初步识别主要风险因素和初步分析风险影响程度。

⑰ 研究结论与建议　研究结论与建议包括：概括提出项目建设的必要性、在哪建、建什么、建多大、何时建、谁来运营、有何风险、有何收益等，提出是否可以进行下一步工作的明确意见和建议，并针对需要进一步研究解决的问题，提出措施建议。

⑱ 附图、附表、附件。

3.3.2　可行性研究

3.3.2.1　可行性研究报告及专项评估报告

可行性研究是在项目建议书（初步可行性研究）的基础上，详细地对在哪建、建什么、建多大、何时建、如何实施、如何规避风险、谁来运营、产生什么社会效应和经济效益等问题进行分析、研究。通过对拟建项目的建设方案和建设条件的分析、比较、论证，从而得出该项目是否值得投资，筹资方案、建设方案、运营方案是否合理可行的研究结论，为项目的决策提供依据。

可行性研究是建设项目决策分析与评价阶段的重要工作。可行性研究的过程既是深入调查研究的过程，又是多方案比较选择的过程。此外，项目的可行性研究不仅是投资决策的依据，也是筹措资金、申请贷款和编制初步设计文件的依据。

可行性研究成果文件包含可行性研究报告和其他专项研究报告，依据发改投资规〔2019〕515号文，专项评估报告与可行性研究报告可以同步送审报批，主要包含：环境影响评估报告、节能评估报告、安全评估报告、社会稳定风险评价报告、水土保持方案、地质灾害危险性评估报告、交通影响评价报告等。

3.3.2.2　可行性研究应关注的重点内容

本节就可行性研究报告汇总部分内容的关注重点进行分析说明，可行性研究报告的详细编制和具体内容要求详见本系列丛书第四分册。

（1）总论　可行性研究报告中总论主要是对项目背景、项目基本情况进行阐述，同时也是为可行性研究报告中对项目建设的必要性、可能性、可行性分析论证铺底，重点注意以下几个方面的基本要求（表3-2）。

表3-2　总论基本要求

项目	基本要求
建设单位概况	整理建设单位的性质、行政级别、组织机构、法定代表人、固定资产数等
项目提出的理由与过程	必要性：应符合项目本身及投资效益，区域、行业发展，城市规划 可能性：应能满足项目建设的主要建设条件 可行性：应以技术、工程、经济、环境等方面为重点来说明 项目提出的理由和过程应关注以下几个需要： 满足人民不断增长的物质文化生活的需要； 满足社会需求，获取经济利益的需要； 促进地区经济和社会发展的需要； 可持续发展的需要
建设规模与目标	规模：总建筑面积、层数、建筑总高、容积率、绿化率及一些基本数据（如医院的床位数、学校的班级数、图书馆的藏书量等） 目标：建设项目所要达到的预期目标（如建筑等级、质量目标、节能目标等）
主要建设条件	所在地的法律、资源、气候、技术、资金、环境、社会、施工条件，城市消防及道路规划情况，场地周边的水、电、气等配套情况
项目投入总资金及效益情况	总资金情况及社会效益、环境效益、经济效益情况
主要技术经济指标	推荐方案的建筑民用主要技术经济指标表
问题与建议	应从以下几方面说明： 主要建设条件存在的问题及解决办法； 项目建设资金筹措存在的问题及解决办法； 采用标准存在的问题及解决办法； 建设规模存在的问题及解决办法

（2）需求分析与建设规模　可行性研究报告中，主要是根据建设方的初始设想和需求，考虑项目建设地的基本条件、政策文件等客观因素的影响，建立起项目建设规模的分析框架，主要关注的内容见表3-3。

表3-3　需求分析与建设规模基本要求

项目	基本要求
需求分析	应涵盖：同类项目的布局及数量、规模，特定使用人数，为社会公众提供服务的程度，项目投入的风险分析等内容
建设规模方案比选	投资估算的依据资料，应提出两个以上方案并涵盖： 总规划面积、总建筑面积、总占地面积、容积率、建筑密度、建筑层数、建筑总高、绿化率、硬化率、停车泊位； 使用功能、使用人数、床位数、班级容量、藏书量； 建筑等级、结构型式、建筑设计使用年限； 节能效果及施工难易程度、建筑材料供应、设备采购； 方案的经济性等比选

续表

项目	基本要求
推荐建设规模方案	应符合： 法律、法规、政策、标准、环境、社会的要求； 消防、人防及城市规划的要求； 使用、节能、可持续发展的要求； 经济、安全的要求； 技术、施工的要求

（3）场地选择　见表3-4。

表3-4　场地选择基本要求

项目	基本要求
地形、地貌	建设用地的标高、坡度、降水量、日照、风向等
工程地质、水文地质	建设场地的地质构造、地基承载能力、有无严重不良地质地段，以及地下水的类型、水位、涌水量等
周边建筑物与环境	应说明建设场地周边建筑物的类型、高度、风格及颜色，周边的环境是否适合进行建设
城市规划或区域性规划	建设项目是否符合项目所在地的城市规划或区域性规划条件
环境保护	建设项目是否符合国家环境保护法规的要求
法律支持	应说明项目所在地有关法规对项目建设的支持程度
公共设施	建设场地周边的给水、排水、供热、燃气、供电、通信、道路等的供应数量、质量、价格、道路级别现状及发展规划是否能满足项目建设的需要
征地拆迁	征地、拆迁、安置途径、补偿标准以及拆迁安置所需投资的情况
施工场地	三通一平或五通一平的情况
建设条件比选	对两个以上方案就土地权属类别、占地面积、地形地貌、地质、地震、征地拆迁安置、环境保护、道路交通、施工等进行工程条件比选确定
投资条件比选	对两个以上方案就土地购置费、场地平整费、基础工程费、场外运输投资、场外公用工程投资、防洪工程投资、环境保护投资，以及施工临时设施费用等进行经济性条件比选确定
推荐建设场地方案	推荐场址地理位置图应标明场地四周界址、各功能区、取水点、排污点、供热点、供气点、供电点、通信点等位置，以及与周边建筑物、设施的相互位置

（4）建筑方案选择　见表3-5。

表3-5　建筑方案选择基本要求

项目	基本要求
项目总体规划方案	
总平面布置和功能	应说明： 平坡布置还是台阶式布置，主要建筑朝向； 各功能区相对位置； 主要出入口位置； 业主对总平面各个区域的功能要求等
规划设计方案概述	应从规划设计思想、原则、手法、风格、结构、空间、序列、节点等几方面内容描述

续表

项目	基本要求
主要技术经济指标	民用建筑主要技术经济指标表
建筑设计方案	
建筑设计方案概述	主要应从建筑设计思想、原则、功能、安全疏散、保温节能等几方面内容描述
建筑艺术与风格	主要应从建筑设计手法、风格、色彩、比例、尺度、符号等几方面内容描述
建筑特征与结构	建筑项目主要特征表
建筑功能与面积	应以表格的形式详细说明各部分建筑的使用功能及面积分配情况
建筑物与城市的协调	主要应从建筑造型、风格、色彩、层数与城市文化的关系来描述建筑物与城市的协调
主体工程与辅助工程	
平面布置和功能	应以表格的形式详细说明： 各层平面的功能划分； 主要疏散楼梯、电梯的位置； 业主对各层平面的功能要求等
主体工程	应描述土建工程的技术方案特点及要求，包括地基处理、基础的选型等
辅助工程	应分别描述给排水、暖通空调、热能动力、电气等专业的系统形式及要求
主要设备	主要设备表
配套设施	应说明市政或区域给水、排水、供热、供气、燃气、供电、通风、空调等设施的具体配套情况
建筑设计方案比选	对两个以上的建筑设计方案就建筑艺术与风格、建筑特征与结构、建筑功能、建筑物与城市的协调及经济性进行比较，确定推荐方案

（5）节能节水节电措施　见表 3-6。

表 3-6　节能节水节电措施基本要求

项目	基本要求
节能措施	节能目标、体形系数、窗墙比、天窗屋面比的限值及建筑保温的措施等； 热力管网系统是否采取有效的保温措施； 是否选用了先进的技术和设备
节水措施	是否采用了节水型设备； 供水系统是否采取了防渗漏措施； 是否设置了污水、雨水回收设施
节电措施	节能产品的利用情况

（6）环境影响评价　见表 3-7。

表 3-7　环境影响评价基本要求

项目	基本要求
场地环境现状	大气、水体、地貌、土壤等自然环境状况； 居民生活、文化教育卫生、风俗习惯等社会环境状况； 名胜古迹、水源保护地、风景区等特殊环境状况； 森林、草地、湿地、动物栖息、水土保持等生态环境状况

续表

项目	基本要求
施工与使用对环境的影响	对地形、地貌等自然环境的破坏； 对名胜古迹、水源保护地、风景区的破坏； 废气、废水、噪声及废弃物对环境的污染等等； 废气、废水、废弃物排放一览表及噪声源一览表
环境保护措施	施工和使用过程中，废气、废水、噪声及废弃物治理措施的方案 治理方案比选内容包括： 所采用的技术和设备的先进性、适用性、可靠性和可得性； 对比治理前后的环境指标，能否达标； 对比所采用的管理和监测方式的优缺点； 投资收益比一览表
环境保护设施与投资	环境保护治理设施、设备与投资一览表
环境影响评价	主要应说明环境保护治理方案技术是否可行、经济是否合理。包括： 是否符合国家法律、法规和环境功能规划的要求； 废气、废水、废弃物的排放及噪声治理是否达标； 是否坚持了"三同时"原则； 环境效益与经济效益是否统一； 废气、废水、废弃物是否采取了再利用措施等

（7）劳动安全卫生与消防　见表 3-8。

表 3-8　劳动安全卫生与消防基本要求

项目	基本要求
主要隐患部位	分析说明项目在施工和使用过程中可能对人身安全和健康造成的危害
有害物质种类及危害性分析	分析说明项目在施工和使用过程中，原材料和成品是否具有：易燃、易爆、毒害、腐蚀、辐射等的物理化学性质及种类，对人体健康的危害程度以及造成职业病的可能性
安全设施	是否选择无危害的设备； 危险部位和危险作业是否提出安全防护措施； 人员密集场所的安全出口数量及安全疏散距离是否符合规范的要求； 易产生职业病的场所是否提出防护和卫生保健措施
消防设施	场地周边公安消防机构的规模、装备、距离等； 项目对公安消防机构的依托程度； 确定易发生火灾危险的部位、类别及等级； 确定建筑物的耐火等级； 提出消防监控报警系统和消防设施配置方案

（8）项目实施进度　见表 3-9。

表 3-9　项目实施进度基本要求

项目	基本要求
建设工期	结合项目建设内容、工程量大小、建设难易程度及施工条件等具体情况，科学地、现实地提出项目进度计划
项目进度安排	根据工程实施各阶段工作量、所需时间、资金、情况，对进度时序作出安排
项目进度表	横线图

(9) 投资估算与资金筹措　见表 3-10。

表 3-10　投资估算与资金筹措基本要求

项目	基本要求
投资估算	
编制依据	能够满足编制投资估算深度的方案设计、各类图纸和有关说明及表格等； 国家及工程所在地区工程造价管理部门发布的建设期建设工程计价依据； 其他有关规定及标准等
编制方法	建造成本：一般应采用指标估算法，参考已建成的相近规模和建设标准工程的造价结算资料，并考虑价格变化因素进行估价；对投资有较大影响的单项工程或无适当估算指标或相近规模和建设标准造价指标的，应根据方案设计图纸计算主体工程实物工程量及主要设备材料数量，依据综合定额或概算定额进行估价 工程建设其他费用：应根据国家或当地现行工程计价规定估价
表现形式	应符合国家发布的《建设项目投资估算编审规程》（CECA/GC 1—2015）以及其他相关规定的要求。具体表格内容形式结合当地要求
费用构成及其主要内容	公共建设项目的估算费用构成包括：建筑工程费、安装工程费、设备及工器具购置费、工程建设其他费用、预备费（包括基本预备费、涨价预备费）、建设期贷款利息等费用。其费用内容应全面反映建设项目的实际需求
资金筹措	
投资计划表	以表格的形式反映出项目分年度的投资计划额度
方式与来源	明确说明项目建设的资金来源和筹措方式
财政拨款	明确说明财政部门为该项目拨款的数量
社会集资	明确说明社会有关单位为该项目筹集的资金数量
捐赠资金	明确说明项目得到的捐赠资金数量
个人出资	明确说明项目得到的个人出资数量
银行借款	明确说明项目需要向银行借款的数量和还款计划

(10) 社会评价　见表 3-11。

表 3-11　社会评价基本要求

项目	基本要求
项目对社会的影响分析	是否可能引起当地文化教育水平、卫生健康程度、生活水平和生活质量的变化，以及对当地人文环境的影响； 是否符合国家的民族和宗教政策； 是否充分考虑了当地民族的风俗习惯、生活方式或者当地居民的宗教信仰； 是否会引发民族矛盾、宗教纠纷和社会安定； 是否可能增加就业机会和失业人数； 是否说明哪些人受益或受损； 是否充分考虑了当地妇女、儿童、残疾人员的利益； 是否提出了减小不利影响的措施建议； 结论应以项目社会影响分析表的形式反映

续表

项目	基本要求
社会风险分析	是否对可能影响项目的各种社会因素进行识别和排序； 各种社会不利因素的选择是否准确； 对可能引发民族矛盾、宗教纠纷和社会安定的因素，是否提出了防范措施； 结论应以社会风险分析表的形式反映
社会评价结论	是否坚持了以人为本的原则； 推荐方案能否与当地社会关系协调、规避社会风险、促进项目顺利实施、保持社会稳定； 推荐方案是否有利于国民经济发展目标与社会发展目标协调一致； 推荐方案是否有利于项目与所在地区利益协调一致； 推荐方案是否有利于避免或减少项目建设和使用的社会风险，提高投资效益等内容

（11）研究结论与建议　见表3-12。

表3-12　研究结论与建议

项目	基本要求
推荐方案总体描述	推荐方案的主要内容和论证结果应包括： ① 需求预测、资源条件、建设规模及建筑方案、原材料及能源供应、环境影响、总投资及资金筹措、经济效益及社会效益、方案实施的基本条件等等； ② 推荐方案的不同意见应实事求是地说明，对其存在的、有待解决的主要问题应充分地阐述
推荐方案优缺点描述	
优点	应全面描述推荐方案的优点（以表格形式反映）
存在的问题	应充分地阐述存在的、有待解决的主要问题（以表格形式反映）
主要争论与分歧意见	应实事求是地罗列说明在方案论证过程中的主要不同意见
主要对比方案	
方案描述	应全面、具体描述推荐方案的内容
未被采纳的理由	应阐述未被采纳方案的主要内容、优缺点及原因
结论与建议	应明确提出项目和推荐方案是否必要、可能、可行的结论意见。建议内容应包括： ① 在初步设计阶段、建设实施中，需要引起重视的问题和工作安排的意见、建议； ② 项目实施中需要协调解决的问题和相应的意见、建议

（12）附件、附图　见表3-13。

表3-13　附件、附图

项目	基本要求
附件	
项目建议书（初步可行性研究报告）	地方发展和改革委员会（局）关于项目建议书（初步可行性研究报告）的批复文件及报审申请报告
项目选址意见报告书	城市规划部门有关项目选址意见的批文
环评报告	环保部门有关项目环境影响的批文

续表

项目	基本要求
土地、规划、人防、人事、工商、资质等	国土资源部门关于项目用地的预审意见及批文； 国有土地使用证； 建筑工程规划许可证（规划条件）； 民用建筑工程人防许可证； 行业主管部门关于同类项目的发展规划布局； 人事部门核准的人员编制表； 企业法人营业执照彩色复印件； 工程咨询单位资格证书彩色复印件等
有关协议	应有水、电、燃气等的供应协议
资金来源	应有项目资金来源的承诺函
合资项目	应有合资单位有关承诺的协议
附图（应以 A3# 白图与文本装订成册）	
项目总体规划图	区位图； 总平面布置图：标示建设用地范围、道路及建筑红线位置、用地及四邻有关地形、地物、周边市政道路的控制标高，明确新建工程（包括隐蔽工程）的位置及室内外设计标高、场地道路、广场、绿化、停车位、高层建筑室外消防扑救场地布置等
主体工程图	内容应完整、正确、功能合理、体系安全，主要包括： 各层平面图； 沿街或主要立面图； 层高变化处的剖面图； 基础平面布置图及断面图； 大跨度结构梁、柱布置图等
辅助工程图	内容应反映出配套设施的完整、准确、先进、经济合理，主要包括： 各专业总平面布置图； 各专业系统图

（13）附表 可行性研究报告具体附表要求详见本系列丛书第四分册，本节不进行赘述。

第4章

工程建设阶段的咨询服务

《国家发展改革委 住房城乡建设部关于推进全过程工程咨询服务发展的指导意见》(发改投资规〔2019〕515号)文件中将建设项目全生命周期划分为了项目决策、工程建设、项目运营三大阶段,工程建设阶段包含项目建设过程的勘察设计、招标采购、工程施工、竣工验收四个子阶段,是实现项目决策期建设目标、完成项目建设交付运营的重要阶段。本章节主要讨论工程建设阶段各专业咨询服务工作的开展总思路、步骤以及各环节关注的重点,各项专业工程实施的具体办法和细节详见本丛书各相应分册。

4.1 勘察设计阶段咨询服务

勘察设计阶段是工程建设阶段的重要环节,影响着整个建设项目的投资、进度和质量,并对建设项目能否成功实施起到决定性的作用。其中,工程勘察是基础,是根据建设工程和法律法规的要求,查明、分析、评价拟建项目建设场地的地质地理环境特征和岩土工程条件的过程,包括制订勘察任务书和组织勘察咨询服务,出具的工程勘察文件是指导项目设计的重要文件资料之一;设计,是根据建设工程规范、标准,相关法律法规的要求,对拟建项目所需的技术、经济、资源、环境等条件进行综合分析、论证,结合工程勘察报告,编制建设工程设计文件,提供相关服务的活动。工程设计工作内容包括编写设计任务书、组织方案设计、初步设计(有工艺要求的需增加技术或工艺设计)、施工图设计等设计咨询服务工作。不同设计阶段的深度要求,对设计成果文件在内容和深度上有所不同。

4.1.1 勘察设计咨询服务组织策划

勘察设计阶段是将前期规划方案落地、后阶段建设目标实现的重要纽带环节，不是勘察设计单个专业咨询完成的，必须集合投资、造价、施工、运营共同对设计方案的合理性、可行性及经济性进行综合性分析和评估，既要将投资决策中的质量、进度、投资目标和需求体现到项目设计中，同时应该重复考虑建设实施阶段设计方案的可实施性、可替代性，还要充分考虑运维成本和运维的可实施性。如项目设计中，不能盲目地追求降低一次投入成本，降低建造质量、设备选型品质，而是应该综合一次成本、运维成本进行多方案比选，在满足建设目标的前提下提高产品性价比、提高产品价值。

此阶段具体的组织策划，包含参与的专业咨询人员、实施流程中应最终安装的具体的项目、项目建设地的具体要求，如图 4-1 所示，图中未考虑施工图审查环节。

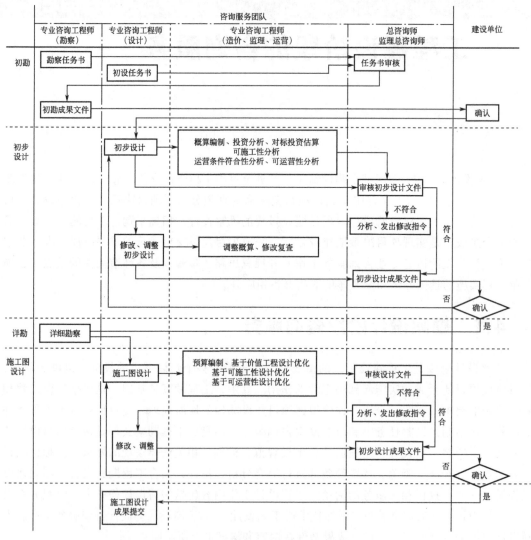

图 4-1 勘察设计咨询服务组织策划

4.1.2 勘察咨询服务管控的重点

4.1.2.1 勘察阶段的咨询服务内容

工程地质勘察分为选址勘察（可行性研究勘察）、初步勘察、详细勘察、工程物探、地质灾害危险评估、断裂活动性评价、补充地震安全性评价等。

根据项目的需求确定勘察内容，一般房屋建设项目主要需勘察的内容为选址勘察、初步勘察、详细勘察，各阶段依次进行。

4.1.2.2 勘察任务书

勘察任务书应由全过程工程咨询服务单位的勘察专业咨询团队编制。

勘察任务书需要根据项目的特征有针对性地编写，勘察任务书是大中型基础工程项目、限额以上技术改造项目进行投资决策和转入实施阶段的法定文件。

在编制勘察任务书前，必须调查研究场地工程地质资料，多方了解周围建筑物的地质情况，应把地基、基础与上部结构作为相互影响的整体，综合考虑。

勘察任务书应说明工程的意图、设计阶段、需提交勘察文件的内容、现场及室内的测试项目以及勘察技术要求等，同时应提供勘察工作所需要的各种图表资料。

为配合初步设计阶段进行的勘察，在勘察任务书中应说明工程的类别、规模、建筑面积及建筑物的特殊要求、主要建筑物的名称、最大荷载、最大高度、基础最大埋深和重要设备的有关资料等，并提供附有坐标的、比例为 1∶1000～1∶2000 的地形图，图上应划出勘察范围。

为配合施工图设计阶段进行的勘察，在勘察任务书中应说明需勘察的各建筑物具体情况。如建筑物上部结构特点、层数、高度、跨度及地下设施情况，地面平整标高，采取的基础形式、尺寸和埋深、单位荷重或总荷重，以及有特殊要求的地基基础设计和施工方案，等等，并提供有效的附有坐标及地形的建筑总平面布置图或单幢建筑物平面布置图。如有挡土墙时，还应在图中注明挡土墙位置、设计标高以及建筑物周围边坡开挖线等。

4.1.2.3 勘察的主要管理

勘察的管理主要体现为勘察方案的管理、勘察文件审核的管理。勘察方案必须报审合格后才能实施，勘察文件必须满足勘察任务书的要求。

勘察管理人员应当时刻掌握建设进程，对勘察项目要有预见性，工作有计划性，为项目的立项、设计、土建招标、施工提供依据。

提供勘察工作开展必需的批准勘察文件、技术要求、钻孔布置图、地形图、管线资料、测量资料等。对勘察工作的工期、质量、安全人员、设备、仪器进行监督检查，对不符合勘察技术要求的，有权要求责任方必须自费进行返工。

钻孔位置与数量、间距是否满足初步设计或施工图设计的要求，钻孔深度应根据上部荷载与地质情况确定。

项目物资及人员的组织准备，包括各类机械设备、各阶段人员构成。

4.1.3 设计咨询服务管控的重点

4.1.3.1 设计质量目标管理

（1）设计质量的管控体系　设计质量目标体系可以按直接效用质量目标和间接效用质量目标两个方面来设置。直接效用质量目标在建设项目中是与结构性指标相关联的，表现形式为符合规范要求、满足业主功能要求、符合政府部门要求、达到规定的设计深度、具有施工和安装的可建造性；间接效用质量目标偏向于功能性指标和增值性指标，表现形式为建筑新颖、功能齐全、结构可靠、经济合理、环境协调、使用安全等，如图4-2。

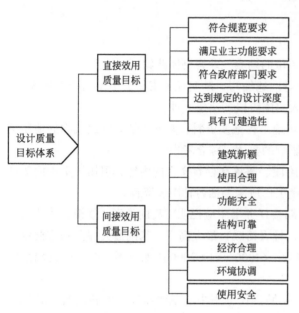

图4-2　设计质量目标体系

（2）设计质量目标管控方法和重点　设计过程质量控制也必须采用动态控制的方法来完成。事前控制和设计阶段成果优化是设计过程质量控制的实现手段，在各个设计阶段前编制全面详细的设计要求任务书，分阶段提交给设计单位，明确各阶段设计要求和内容，在各阶段设计过程中和结束后及时对设计提出修改意见，或对设计进行确认。设计过程（含初步设计、施工图设计、施工过程设计变更）质量管控任务见表4-1。

表4-1　设计过程质量管控任务

设计阶段	设计阶段质量控制任务
方案优化阶段	1. 编制设计方案，优化任务书质量控制的内容； 2. 审核优化设计方案，满足业主的质量要求和标准； 3. 审核优化设计方案，满足规划及其他规范要求； 4. 组织专家对优化设计方案进行评审； 5. 协调设计在方案优化阶段的工作，提出合理化建议
扩初设计阶段	1. 编制扩初设计任务书质量控制的内容； 2. 审核扩初设计方案，满足业主的质量要求和标准； 3. 对重要专业组织专家论证，提出咨询报告； 4. 组织专家对扩初设计进行评审； 5. 分析扩初设计对质量目标的风险，提出风险管理的应对措施与建议； 6. 组织专家对结构方案进行分析论证； 7. 对暖通、空调、智能化等总体方案进行专题论证及技术经济分析； 8. 审核各专业设计是否符合规范要求； 9. 审核各特殊工艺设计、设备选型，提出合理化建议； 10. 编制扩初设计阶段质量控制总结报告

续表

设计阶段	设计阶段质量控制任务
施工图设计及设计变更阶段	1. 审核设计图纸，及时发现图纸中的问题，向设计单位提出； 2. 协调设计单位，督促设计单位按时完成设计工作； 3. 审核施工图设计与说明是否符合国家有关设计规范、设计质量要求和标准，是否与扩初设计要求一致；确保设计质量获得政府有关部门审查通过并达到设计合同要求； 4. 审核施工图设计的深度是否满足施工要求，确保施工的顺利进行； 5. 审核各专业设计的图纸是否符合设计任务书的要求及设计规范要求或政府有关规定，是否满足施工的要求； 6. 审核招标文件和合同文件中有关质量控制的条款； 7. 对主要设备、材料充分了解其用途，并作出市场调查报告及选用咨询报告； 8. 严格控制设计变更，按规定的管理程序办理变更手续； 9. 编制施工图设计阶段质量控制报告

4.1.3.2 设计过程进度控制

设计进度是影响项目整体建设进度的直接因素，因此必须满足建设项目总进度计划要求，并充分考虑项目招标采购周期、合理的施工工期并预留可调整进度空间，合理编制项目设计进度计划。设计进度计划必须依照项目建设进度计划，分项目、分单位工程编制包含初步设计、初步设计审查、详勘周期、施工图设计、专项深化设计的各专业（建筑、结构、暖通、消防、电气、给排水等）设计成果交付时间节点计划，实施动态监控，以控制循环为指导，进行计划进度与实际进度的比较，发现偏差及时采取纠偏措施。协调是指相关联专业咨询团队之间、全过程工程咨询单位与建设单位、其他参建单位的合作推进关系。设计各阶段进度控制的主要任务见表4-2。

表4-2 设计过程进度管控任务

设计阶段	设计阶段进度控制任务
方案优化阶段	1. 编制设计方案，优化进度计划并控制执行； 2. 编制计划进度与实际进度对比表，及时报告情况； 3. 编制本阶段进度控制总结报告
扩初设计阶段	1. 编制扩初设计阶段进度计划并控制执行； 2. 编制计划进度与实际进度对比表，及时报告情况； 3. 审核设计进度计划和出图计划，并控制执行，避免发生因设计单位推迟进度而延误工期完成时间； 4. 编制扩初设计阶段进度控制总结报告
施工图设计阶段	1. 编制施工图设计进度计划，根据需要修改并控制其执行； 2. 编制计划进度与实际进度对比表，及时报告情况； 3. 催促业主对设计文件尽快作出决策和审定； 4. 协调主设计与分包专业设计团队的关系，协调各专业设计的关系，控制施工图设计进度满足招标、材料及设备订货和施工进度的要求； 5. 控制设计变更及其审查批准实施的时间； 6. 编制施工图设计阶段进度控制总结报告

4.1.3.3 设计过程投资控制

在建设项目的工作分解结构中,建设项目的设计与计划阶段是决定建筑产品价值形成的关键阶段,它对建设项目的建设工期、工程造价、工程质量以及建成后能否产生较好的经济效益和使用效益,起到决定性的作用,因此对设计阶段进行造价管理是非常重要的。对国内外工程实践及造价资料的分析表明,在方案设计阶段,影响项目投资的可能性为75%～95%;在初步设计阶段,影响项目投资的可能性为35%～75%;在施工图设计阶段,影响项目投资的可能性为5%～35%。由此可见,重视对设计阶段的造价管理,可以有效地解决建设项目总造价偏高的危险。因此,控制工程造价的思想在设计开始的时候就应该保证选择恰当的设计标准和合理的功能水平。各阶段对投资影响程度的分析如图4-3所示。

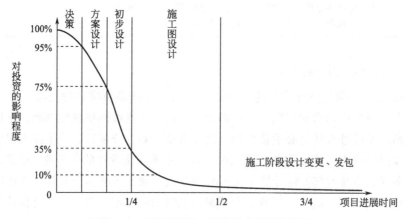

图4-3 各设计阶段对投资影响程度分析图

(1)限额设计管理 限额设计是指按照批准的可行性研究报告中的投资限额进行初步设计,按照批准的初步设计概算进行施工图设计,按照施工图预算造价对施工图设计中相关专业设计文件修改调整的过程。限额设计需要在投资额度不变的情况下,实现使用功能和建设规模的最大化。

限额设计的控制过程是合理确定项目投资限额,科学分解投资目标,进行分目标的设计实施,设计实施的跟踪检查,检查信息反馈用于再控制的循环过程。

① 限额设计管理流程 限额设计是从投资估算到概算、预算的一个循序渐进和不断调整、修正的过程,通过限额指标的制定、指标实施情况记录分析,发现偏差后进行设计或投资分配调整、再实施的循环过程,基本流程如图4-4所示。

② 合理确定项目投资限额 鉴于经审批的设计任务书中的项目总投资额,即为进行限额设计,控制项目造价的主要依据,而设计任务书中的项目总投资额又是根据审批的项目可行性研究报告中的投资估算额下达的,提高项目可行性研究报告中投资估算的科学性、准确性、可信性,便成为合理确定项目投资限额的重要环节。为适应推行限额设计的要求,应适当加深项目可行性研究报告的深度,并维护项目投资估算的严肃性,使投资估算真正起到控制项目造价的作用。为此,在编制项目投资估算时,要做到科学地、实事求是地编制项目投资估算,使项目的投资限额与单项工程的数量、建筑标准、功能水平相协调。

③ 科学分配初步设计的投资限额 专业咨询工程师(设计)在进行设计以前,总咨询师

应将项目设计任务书中规定的建设方针、设计原则、各项技术经济指标等向专业咨询工程师（设计）交底，并将设计任务与规定的投资限额分工程分专业下达到专业咨询工程师（设计），即将设计任务书中规定的投资限额分配到各单项工程和单位工程，作为进行初步设计的造价控制目标或投资限额，并要求各专业设计人员认真研究实现投资限额的可行性，对项目的总图方案、工艺流程、关键设备、主要建筑和各种费用指标提出方案比选，作出投资限额决定。

④ 根据投资限额进行初步设计　初步设计开始时，总咨询师应将可行性研究报告的设计原则、建设方针、建设标准和各项控制经济指标向专业咨询工程师（设计）交底，对关键设备、工艺流程、主要建筑和各种费用指标提出技术方案比较，研究实现可行性研究报告中投资限额的可行性，将设计任务和投资限额分专业同时下达，促使专业咨询工程师（设计）进行多方案比选。并以单位工程为考核单元，事先做好专业内部的平衡调整，提出节约投资的措施，力求在不降低可行性研究报告中确定的建设标准的基础上，将工程量和工程造价控制在限额内。对由初步设计阶段的主要设计方案与可行性研究阶段的假设设计方案相比较而发生重大变化所增加的投资，应进一步优化方案，同时利用价值工程进行分析，确定投资增加的有效性和可行性，在不影响投资人资金安排的前提下，报总咨询师批准后，才可调整工程概算。

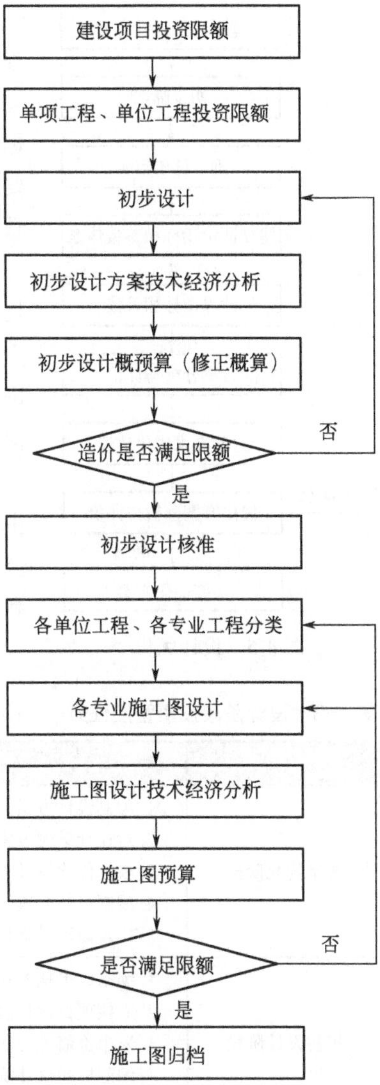

⑤ 合理分配施工图设计的造价限额　经审查批准的建设项目或单项工程初步设计及初步设计概算，应作为施工图设计的造价控制限额。专业咨询工程师把概算限额分配给各单位工程各专业设计上，作为其造价控制额，使之在造价控制额内进行设计优化和施工图设计。

图 4-4　限额设计管理流程

（2）设计优化　设计方案评价与优化是设计过程的重要环节，通过技术比较、经济分析和效益评价，正确处理技术先进与经济合理之间的关系，力求达到技术先进与经济合理的和谐统一，如图 4-5。

① 建立评价指标和参数体系，即设计方案评价与优化的衡量标准。评价指标和参数既要符合有关法律法规和标准规范的规定，也应能充分反映拟建项目投资人和其他利益相关者以及社会的需求，指标和参数体系包括的主要内容有：

a. 使用价值指标，即拟建项目满足功能的指标；
b. 反映创造使用价值所消耗的社会劳动消耗量指标；
c. 其他相关指标和参数等。

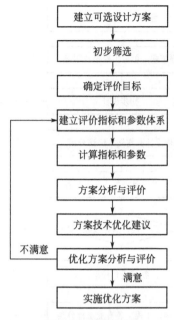

图 4-5 设计优化

指标和参数体系的建立,可按重要程度设置主要指标或参数和辅助指标或参数,并选择主要指标进行分析比较。

② 方案评价:备选方案的筛选,剔除不可行的方案;根据评价指标和参数体系,对备选方案进行全面的分析比较,要注意各个方案间的可比性,要遵循效益与费用计算口径一致的原则。

③ 方案优化:根据设计方案评价的结果,并综合考虑项目工程质量、造价、工期、安全和环保五大目标,对基于全生命周期全要素的造价管控、可施工性管控、可运营性管控进行优化,力求达到整体目标最优,在保证工程质量和安全、保护环境的基础上,追求全生命周期成本最低的方案。

④ 评价与优化方法:设计方案评价与优化的方法有很多,主要有目标规划法、层次分析法、模糊综合评价法、灰色综合评价法、价值工程法和人工神经网络法等。较为常用的是利用价值工程法进行方案比选和优化。

(3)设计过程投资管控的任务 见表 4-3。

表 4-3 设计阶段投资管控任务

设计阶段	设计阶段投资管控任务
方案优化阶段	1. 编制设计方案,优化任务书中投资控制的内容; 2. 对设计单位方案优化提出投资评价建议; 3. 根据优化设计方案编制项目总投资修正估算; 4. 编制设计方案优化阶段资金使用计划并控制其执行; 5. 比较修正投资估算,编制投资控制报表和报告
扩初设计阶段	1. 编制、审核扩初设计任务书中有关投资控制的内容; 2. 审核项目设计总概算,并控制在总投资计划范围内; 3. 采用价值工程法,挖掘节约投资的可能性; 4. 编制扩初设计阶段资金使用计划并控制其执行; 5. 比较设计概算与修正投资估算,编制各种投资控制报表和报告
施工图设计阶段	1. 根据批准的总投资概算,修正总投资规划,提出施工图设计的投资控制目标; 2. 编制施工图设计阶段资金使用计划并控制执行,根据设计情况对上述计划提出调整建议; 3. 跟踪审核施工图设计成果,从施工、材料、设备等多方面作市场询价和技术经济论证,并编制咨询报告,如发现设计可能会突破投资目标,则协助设计人员提出解决办法; 4. 审核施工图预算,结合总投资计划,采用价值工程法,在充分考虑满足项目功能的条件下,进一步挖掘节约投资的可能性; 5. 比较施工图预算与投资概算,分析制作投资控制报表和报告; 6. 比较各专业设计的概算和预算,分析制作投资控制报表和报告; 7. 控制设计变更,评估审核设计变更的结构安全性、经济性等; 8. 审核和处理设计过程中出现的索赔与与资金有关的事宜; 9. 审核招标文件和合同文件中有关投资控制的条款

4.1.3.4 建立设计阶段文档信息管理制度

设计阶段时间跨度较长,所涉及的资料范围较广,设计阶段的文档制度符合整个项目文档管理体系，贯穿整个项目。应建立有效的文档信息管理制度，如设计文件管理制度、工程信息编码体系、图纸传递及收发制度等。

对于已有的文档信息管理制度应当控制其执行。主要工作包括：

① 进行设计阶段各类工程信息的收集、分类存档和整理；

② 在设计阶段，应督促设计单位整理工程技术经济资料、归纳管理；

③ 运用计算机进行项目的信息管理，随时向委托方提供项目管理各种报表和报告；

④ 项目结束后，应将所有设计文档即图纸、技术说明、来往函件、会议纪要和相关部门批件等装订成册；

⑤ 按阶段分册提供符合要求的全部资料，供政府主管部门及业主方相关部门审核。

4.1.3.5 业主方设计质量管理存在的主要问题

① 业主方缺乏必要的能力，也不愿聘请有能力的设计项目管理咨询机构对规模大、技术复杂的工程进行全面质量控制。

② 业主对设计要求没有严谨性，随意性较大，根据领导喜好而不是根据项目需求制定，增加设计人员的工作量。

③ 业主盲目压低设计费，或拖延设计费的付款时间，造成设计人员积极性不高，影响设计质量或设计进程。

④ 业主时间调配不够，一味抢工期，设计进程跟不上，设计与施工矛盾突出。

⑤ 设计人员不熟悉施工过程及专业需求，设计与施工脱节，使工程质量先天不足。

4.1.4 装配式建筑和绿色建筑设计管理

4.1.4.1 装配式建筑设计管理

随着我国经济发展进入新常态，人口红利的结束、城镇化的放缓及新一轮的限购令席卷各大城市，传统建筑行业面临着能源资源消耗高、劳动生产率低、施工周期长、技术创新不强、建筑品质不高、工程质量安全存在隐患等问题，建筑业已然难以维持之前的高速增长，亟需大力推动建造方式的重大变革。

住建部印发的《"十三五"装配式建筑行动方案》，明确了"十三五"期间加快装配式建筑发展的目标和实现途径。方案指出，到2020年，全国装配式建筑占新建建筑的比例达到15%以上，其中重点推进地区达到20%以上。另外，在"2017（首届）中国房地产装配式高峰论坛"上，中国建筑、北京住总、万科等二十多家在京企业承诺，到2020年，装配式建筑面积要占新建面积达30%以上，并将共同推广装配式建筑。

以装配式建筑模式为代表的建筑工业化作为一种新的生产方式，将受到越来越多的关注、支持和推广，建筑行业的一场革命即将到来。

装配式建筑改变了传统现浇结构构件立式浇筑混凝土的特点，在工厂内卧式浇筑混凝土，使产品浇筑质量得到有效控制，有效解决控制质量通病。由于采用定型钢模具，钢筋绑扎质量、钢筋间距、混凝土保护层得到有效控制。装配式建筑工艺，可利于加快施工进程，明显缩短有效工期。装配式建筑住宅相较于传统建造方式，成本会增加10%～30%，例如当预制率为15%时，成本约增加300元每平方米。

装配式建筑设计管理要贯彻安全、实用、经济、美观的设计理念。首先在设计方面采用先进技术，充分发挥建筑工业化的优越性，确保工程质量；发挥预制构件的特点并结合立面的细部处理使建筑造型丰富。其次设计应充分考虑与精装设计、现场施工安全措施及现场施工设备的关系，门窗和栏杆等二次设计和精装设计提前进行，相关点位需在PC构件图中定位并预留预埋。充分展示出装配式建筑在工业化生产和绿色工地中的优势，设计各阶段的管控重点如下。

（1）方案阶段

① 立面分析：考虑到立面底部基座及女儿墙屋顶构架的造型复杂，复制率低，1层及女儿墙以上部分不考虑PC预制构件。

② 平面分析：PC会造成总造价增加约300～500元每平方米，预制率越高成本越高。故项目预制率均需贴合当地政府指标，达到成本增加最低。项目在预制构件的优先顺序为：预制楼梯、预制阳台板、预制空调板、预制外墙（含预制凸窗）、预制叠合楼板、预制非承重内隔墙等。

③ 方案阶段优化：在前期方案时，尽量统一构件开洞尺寸及大小。提高构件重复率可以大大减少模具成本，提高构件生产效率及现场施工效率，进一步缩短工程建设工期。

④ 保温体系分析：对内、外保温的优缺点和成本进行分析。另外PC做外保温的项目很少，外墙防水、风化、检修等均未得到时间的检验。因此不建议采用在PC做外保温系统。

（2）总体设计阶段

① 等同现浇结构：在各种设计状况下，装配整体式结构可采用与现浇混凝土结构相同的方法进行结构分析。节点区域的钢筋构造（纵筋的锚固、连接以及箍筋的配置等）与现浇结构相同。纵向钢筋采用机械连接、焊接、钢筋灌浆套筒连接，或者是浆锚搭接连接。

② 装配整体式剪力墙结构设计：控制预制剪力墙承担的地震倾覆力矩小于结构底部总倾覆力矩50%。对同一层内既有预制墙又有现浇墙的装配式剪力墙结构，现浇墙的水平地震作用弯矩和剪力乘1.1的放大系数。钢筋套筒及灌浆料分别符合JG/T 398—2019和GB/T 50448—2015的要求。

③ 作用及作用组合验算：包括基本作用组合要求、短暂设计状况验算、预制构件脱模验算等。

（3）施工图设计阶段　施工图设计阶段主要重点在施工图设计的深度，2016年11月17日，住建部建质函〔2016〕247号文通知：《建筑工程设计文件编制深度规定（2016年版）》自2017年1月1日起实施，原《建筑工程设计文件编制深度规定（2008年版）》同时废止。2016年12月15日，住建部建质函〔2016〕287号文印发了《装配式混凝土结构建筑工程施工图设计文件技术审查要点》。

① 构件拆分设计合理性：对构件的科学拆分是装配式建筑标准化设计管理的核心环节。构件拆分对建筑功能、建筑平立面、主体结构受力状况、预制构件承载能力、工程造价等都会产生重大影响。管理重点在关注"模数协调原则"，优化各预制构件的尺寸和拆分位置，尽量减少预制构件的种类，保障PC构件的通用性和互换性，以获取功能、质量、技术和经济等方面最优的方案。

② 相较于传统的现浇混凝土结构建筑，装配式建筑除了施工图纸的设计，还需要关注

构件生产详图的设计,如各专业和各个环节所有对 PC 构件的要求是否汇集到构件的生产详图上,以避免后期施工阶段的返工和修改。

4.1.4.2 绿色建筑设计管理

(1) 绿色建筑设计　在环保意识不断加强的今天,人们对建筑的设计要求也有所提高,不仅在基本居住需求上要能满足,同时还要能体现出设计的绿色化,对能源资源最大化的节约。

绿色建筑设计过程中,会涉及诸多的内容,在设计工作执行过程中,对建筑的整体性设计要加强重视。建筑的整体设计优劣直接影响建筑的性能和实际成本,要求在绿色化设计过程中从多方面分析并予以重视,如对当地的气候条件以及文化风俗等诸多要素都要充分重视,避免设计中只注重局部而不注重整体的设计弊端。

材料的应用以及自然资源的利用是绿色设计要重视的要素之一,在新型材料的应用下就能减少以及避免对环境的污染。再有就是要对自然资源能源充分利用,这也是绿色建筑设计的重点内容,如对风能以及太阳能的利用,就能节约不可再生能源。在绿色建筑设计过程中,建筑的结构设计是另一重要因素。传统的建筑设计过程中,只注重对建筑的容量以及居住空间的考虑,但是没有重视节能设计理念的应用。在绿色化建筑设计方面没有充分重视,这就必然会造成资源的浪费。在绿色建筑设计过程中,在充分重视结构的整体性基础上考虑对资源的充分利用。最后,在绿色建筑设计中,对新技术的应用既要重视又要科学应用。如在二次能源利用和排热回收技术的应用下,能源资源循环使用这一绿色建筑设计目标。

(2) 绿色建筑设计评价　绿色建筑设计过程中,需要在评价体系构建方面进行完善,从而为绿色建筑设计提供可靠的评价参考依据。在评价体系中的评价对象主要是住宅建筑以及办公建筑和商场建筑等建筑类型。住宅建筑作为评价对象的时候,就要注意评价标识,也就是设计标识以及绿色建筑标识,获得设计标识就要经过严格的施工图审查,并要能满足相应的技术标准。而获得绿色建筑标识就要在质量验收方面能过关,在验收合格之后进行交付使用。对绿色建筑设计评价的指标以及等级的划分也比较重要。在低能级划分方面,主要就是结合评价标准,在符合相应评价标准下,按照满足一般、优选项数的实际程度,把建筑分成三个星级。而在绿色建筑评价指标体系的建设方面,在内容上就主要包含室内环境以及节省土地资源和对能源资源的使用节约方面。

绿色建筑设计协调性原则:建筑设计和社会环境以及生态环境的结合,可以保证协调性。只有在遵循协调性原则下,才能促进建筑设计的高效性,对建筑设计的可持续健康发展才能起到积极促进作用,才能保持和周边的环境生态平衡发展,最大化地减少和避免对生态环境的干扰破坏。

绿色建筑设计地域性原则:在当前的绿色建筑设计过程中,要和当地的地理环境以及风俗文化等紧密结合,对建筑文化的多样化景象加以突出,制定和地域性的特征紧密联系的评价体系,在评价体系的指导下为地域性的绿色建筑设计优化进行促进。

绿色建筑设计适用性以及节约性原则:绿色建筑设计师和人的需求紧密相关,所以在具体的设计过程中,就要从多角度分析建筑的使用,结合实际需求与绿色设计理念进行设计,将绿色建筑的适用性有效突出;设计过程中也要充分重视节约性原则的遵循,这也是绿色建筑设计的重要理念内容。在满足实际建筑需求的基础上，要对土地资源进行综合性开发利用，以及对自然资源能源的充分利用等。

4.2 招标采购阶段咨询服务

4.2.1 招标与采购的区域选定

影响招标采购方案确定的决定性因素是项目投资及项目规模。根据项目投资及规模的大小，可选择国际招标采购或国内招标采购。本书只介绍国内招标采购的流程及规定。

4.2.1.1 招标与采购的法律应用

涉及工程建设项目，包括项目的勘察、设计、施工、监理以及与工程建设有关的重要设备、材料等，在招标时都必须根据《中华人民共和国招标投标法》及各部委的相关法规和规定，主要为国家发改委、住建部、交通运输部、水利部、工信部、商务部等相关各部委的相应法规、规定及标准性文件。

采购是指以合同方式有偿取得货物、工程和服务的行为，包括购买、租赁、委托、雇用等，采购必须根据《中华人民共和国政府采购法》及相关法规和规定，主要体现为财政部、财政厅及相关财政管理部门的规定性文件。根据《中华人民共和国政府采购法》第四条规定，政府采购工程进行招标投标的，适用《中华人民共和国招标投标法》。

根据《中华人民共和国招标投标法》及《中华人民共和国政府采购法》的规定，有如表 4-4 所示的招标采购方式。

表 4-4 招标采购方式与对应法律文件

适用法律名称	招标或采购方式名称
《中华人民共和国招标投标法》	公开招标
	邀请招标
《中华人民共和国政府采购法》	公开招标
	邀请招标
	竞争性谈判
	单一来源采购
	询价
	竞争性磋商

国家发展和改革委员会 2018 年发布的《必须招标的工程项目规定》明确了必须招标的工程项目的具体范围和规模标准。工程施工的招标限额为 400 万元人民币及以上，重要设备、材料等货物招标限额为 200 万元人民币及以上，勘察、设计、监理等服务的招标限额为 100 万元人民币及以上，同时明确全国适用统一规则，各地不得另行调整。

财政部先后出台了相关文件，以及针对不同采购方式的管理办法，即 2013 年第 74 号令针对竞争性谈判、单一来源采购和询价采购，2014 年第 214 号文针对政府采购竞争性磋商，2017

年第 87 号令针对货物和服务招标投标作出详细管理办法（见表 4-5），必须严格遵照执行。

表 4-5　财政部文件——采购方式

财政部文件号	适用采购方式
2013 年第 74 号令	竞争性谈判
	单一来源采购
	询价
2014 年第 214 号文	竞争性磋商
2017 年第 87 号令	公开招标
	邀请招标

4.2.1.2　招标与采购方式的选用基本原则

招标与采购方式选定见表 4-6。

表 4-6　招标与采购方式选定

适用法律名称	招标或采购方式名称	选用基本原则	资金来源
《中华人民共和国招标投标法》	公开招标	需经各级发改部门批准、核准或备案的工程建设项目和勘察、设计、施工、监理以及与工程建设有关的重要设备、材料等的项目	各级发改部门批准资金、企事业单位筹措资金、企事业单位银行贷款等资金
	邀请招标		
《中华人民共和国政府采购法》	公开招标	项目经费需经各级财政部门批准、审核后才能使用的项目	各级财政部门监管资金、各级财政部门筹措资金
	邀请招标		
	竞争性谈判		
	单一来源采购		
	询价		
	竞争性磋商		
	国务院政府采购监督管理部门认定的其他采购方式		

4.2.1.3　招标与采购应考虑的因素

① 业主可选择自行招标采购或委托中介机构招标采购。因招标与采购相关法律法规及规定的文件较多，涵盖面较广，一般建议选择全过程工程咨询单位进行招标、采购工作，这样可根据项目的时间进度需求完成。

② 招标公告发布的范围：针对项目的具体情况，可选择全国大型的多家公告媒体发布，也可选择项目所属地区公告媒体发布。针对规模较大或重要项目，选择全国大型的多家公告媒体发布较有利。

③ 招标公告发布的时间：针对项目的具体情况，可选择发布公告的时间，时间越长，投标人参与数量会越多，项目业主选择性会更大，有利于选择到综合评价更高的中标单位。

④ 投标单位准备投标文件的时间：针对项目的情况设置投标文件提交时间，大型项目、特殊项目，需给投标单位足够的准备时间，如进行项目现场的认真踏勘、接受投标单位提问并解决问题的时间、投标预算的编制时间、重要设备及重要材料的询价了解时间，有利于投标报价的核算。

⑤ 评分办法的科学合理设置：不同项目的评分办法应该不同，根据项目情况，对普通项目来说，报价差异不大，报价得分差异区间可设置较小些；对特殊大型项目，除报价外需考虑投标单位的施工方案、技术措施、人员素质、工程经验、财务状况及企业信誉等方面，进行综合评价。

⑥ 投标单位的综合实力、业绩能力及信誉：对可提供备选方案的项目来说，对备选方案的评价需要综合全面进行。

⑦ 评标专家的设置：评标专家对中标结果有很大的决定作用，如何选择评标专家是项目的关键，专家专业的设置应该综合项目特征和需求进行；根据项目情况选择全国性专家还是项目所在地专家，是有针对性地邀请国家或地方专业专家还是随机抽取专家；业主方需要设置业主代表专家还是不需设置。

⑧ 合同条款的设置：合同条款里最有争议的就是合同款的支付和合同外增加部分的约定，为保证项目能顺利完成，支付款的设置必须考虑中标单位的经济承受能力和履约能力，同时也要考虑业主的经济能力和投资控制能力。

4.2.1.4 招标与采购的流程图

招标项目程序应执行《中华人民共和国招标投标法》并结合各地管理办法，一般适用于工程建设项目的勘察、设计、监理、施工及与项目建设有关的设备材料采购；采购项目程序应执行《中华人民共和国政府采购法》并结合各地管理办法，一般适用于各级财政部门监管资金、各级财政部门筹措资金范围采购表单内的项目。两种程序要求略有差异，具体流程如图 4-6、图 4-7。

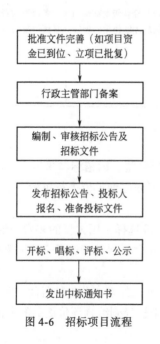

图 4-6　招标项目流程

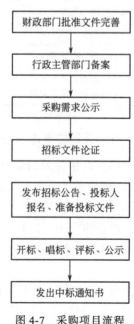

图 4-7　采购项目流程

4.2.2 招标项目

4.2.2.1 工程招标的分类

（1）按工程建设程序分类

① 建设项目前期咨询招标　建设项目前期咨询招标指对建设项目的可行性研究任务进行的招标。投标单位一般为工程咨询企业。中标方要根据招标文件的要求，向业主方提供拟建工程的可行性研究报告，并对其结论的准确性负责。中标方提供的可行性研究报告，应获得业主方专家组评估鉴定后确认。

② 勘察设计招标　勘察设计招标指根据批准的可行性研究报告，择优选勘察设计单位的招标。勘察和设计是两种不同性质的工作，可由勘察单位和设计单位分别完成。勘察单位最终提出施工现场的地理位置、地形、地貌、地质、水文等在内的勘察报告。设计单位最终提供设计图纸和成本预算结果。

③ 材料设备采购招标　工程项目初步设计完成后，对建设项目所需的建筑材料和设备（如电梯、供配电系统、空调系统等）采购任务进行的招标。投标方通常为材料供应商、成套设备供应商。

④ 工程施工招标　工程项目的初步设计或施工图设计完成后，用招标的方式选择施工单位。施工单位最终向业主交付按招标和设计文件规定的建筑产品。

（2）按工程项目承包的范围分类

① 项目全过程总承包招标　全过程总承包人招标可分为两种类型，一种是指工程项目实施阶段的全过程招标，另一种是指工程项目建设全过程的招标。前者是在设计任务书完成后，从项目勘察、设计到施工交付使用进行一次性招标；后者则是从项目的可行性研究到交付使用进行一次性招标，业主方只需提供项目投资和使用要求及竣工、交付使用期限，其可行性研究、勘察设计、材料和设备采购、土建施工设备安装及调试、生产准备和试运行、交付使用，均由一个总承包商负责承包，即所谓"交钥匙工程"。承揽"交钥匙工程"的承包人被称为总承包人，绝大多数情况下，总承包人要将工程部分阶段的实施任务分包出去。

② 工程分承包招标　中标的工程总承包人作为其中标范围内的工程任务的招标人，将其中标范围内的工程任务，通过招标的方式，分包给具有相应资质的分承包人，中标的分承包人只对招标的总承包人负责。

③ 专项工程承包招标　工程承包招标中，对其中某项比较复杂或专业性强、施工和制作要求特殊的单项工程进行单独招标。

（3）按工程建设项目的构成分类　无论是项目实施的全过程还是某一阶段或程序，按照工程建设项目的构成，可以将建设工程招标分为全部工程招标、单项工程招标、单位工程招标、分部工程招标、分项工程招标。

① 全部工程招标　对一个建设项目（如一所医院）的全部工程进行的招标。

② 单项工程招标　单项工程是指具有独立的设计文件，竣工后可以独立发挥生产能力或效益的工程，也称作工程项目。一个工程项目由一个或多个单项工程组成。因此单项工程招标即指对一个工程建设项目中所包含的单项工程（如一所医院的综合楼、住院楼、食堂等）进行的招标。

③ 单位工程招标　单位工程是指具备独立施工条件并能形成独立使用功能的建筑物及

构筑物。因此单位工程招标即指对一个单项工程所包含的若干单位工程（如一个办公楼单项工程，其包含的土建工程、采暖工程、通风工程、照明工程、热力设备及安装工程、电气设备及安装工程等）进行招标。

④ 分部工程招标　分部工程是单位工程的组成部分，分部工程一般是按单位工程的结构形式、工程部位、构件性质、使用材料、设备种类等的不同而划分的工程项目。一般工业与民用建筑工程的分部工程包括地基与基础、主体结构、建筑装饰装修、建筑屋面、建筑给排水及采暖、建筑电气、智能建筑、通风与空调、电梯、建筑节能十个分部工程。因此分部工程招标即指对一项单位工程包含的分部工程进行招标。

应特别说明的是，我国一般不允许对分部工程招标，杜绝出现"肢解分包"（即指承包单位承包建设工程后，不履行合同约定的责任和义务，将其承包的全部建设工程肢解以后，以分包的名义单独或分别转给其他单位承包的行为）的情况。但允许特殊专业工程招标，如深基坑施工招标、大型土石方工程施工招标等。

各工程项目根据具体情况选择适当的方式进行招标。

4.2.2.2　如何招标及标段划分的分析

（1）现行国家推出的几种发包合同模式

① 工程总承包模式。根据住建部 2017 年 19 号文规定，政府投资工程应带头推行工程总承包。

② EPC 工程总承包模式。

③ 传统单一的模式，如设计、勘察、监理、施工、建筑工程主要设备、建筑工程主要材料等。

投资人可以根据表 4-7 中方式，结合项目特点和业主需求来选择招标模式。

表 4-7　发包模式与招标模式

招标模式		招标特点
施工总承包		① 招标时间提前，具备可研批复即可进行招标备案；
勘察、设计和施工总承包（EPC 模式）		② 招标次数少，一次招标即可完成；施工总承包一次性完成施工招标，EPC 模式一次性完成勘察设计和施工；
		③ 责任主体明确，但投资管控较复杂
DBB 模式	勘察招标	① 招标时间推迟，招标次数多；
	设计招标	② 招标内容容易产生遗漏或交叉；
	主体施工招标	③ 各专业实施过程配合性不强
	各专业施工招标	

（2）投资人的需求分析　根据投资人对拟建项目质量控制、造价控制、进度控制、安全环境管理、风险控制、系统协调性和程序连续性等方面的需求信息，编制投资人需求分析报告。

（3）标段的划分　影响标段划分的因素很多，应根据拟建项目的内容、规模和专业复杂程度等提出标段划分的合理化建议。划分标段应遵循的原则有合法合规、经济高效、客观务实、责任明确、便于操作等。划分标段时，应考虑的因素有投资人要求、投资人内部管控能力、建设项目特点、工期造价、潜在中标人专长的发挥、工地管理、建设资金供应等。

对于建设目标明确、专业复杂且需要多专业协同优化的建设项目，可优先考虑以工程总承包的方式选择承包人。

（4）招标方式的选择　根据法律法规规定，根据投资人的资金来源、项目的复杂程度、项目所在地的自然条件、项目规模、发包范围以及潜在投标人情况等，确定是以公开招标的方式还是邀请招标的方式进行。

（5）合同策划　合同策划包括合同种类选择和合同条件选择。合同种类基本形式有单价合同、总价合同、成本加酬金合同等。不同种类的合同，其应用条件、权利和责任的分配、支付方式，以及风险分配方式均不相同，应根据建设项目的具体情况选择合同类型。投资人应选择标准招标文件中的合同条款，没有标准招标文件的宜选用合同示范文本的合同条件，结合招投标目标进行调整完善。

（6）招标策划及标段划分　依据招标需具备的资料条件、招标投标价设定的条件等进行招标策划及标段划分。

（7）设定评分标准及办法　设置招标客观条件。根据市场情况设置招标主观条件。以利益项目的投资控制、质量控制、工期控制及合同管理控制为目标，综合设定评分标准及办法。

4.2.2.3　招标控制价

招标控制价作为拟建工程的最高投标限价，是投资人在招标工程量清单的基础上，按照计价依据和计价办法，结合招标文件、市场实际和工程具体情况编制的最高投标限价，是对工程进度、质量、安全等各方面在成本上的全面反映。此外，招标控制价不仅是投标报价的最高限价，更是招投标机制中投资人主动进行投资控制的一种手段，是限制不平衡报价、分析投标报价是否低于成本价的重要参考依据。

① 招标控制价编制　招标控制价应由具有编制能力的投资人，或受其委托具有相应资质的工程造价咨询人编制。招标控制价应在招标时公布，不得上调或下浮。投资人应根据建设项目所在地工程造价管理机构要求，将招标控制价及有关资料留存备查或报送备案。承担招标控制价的编制人应在遵守相关规范规定的情况下，向委托人提交一份客观可行的招标控制价成果文件。

招标控制价编制的内容、依据、要求和表格形式等应该执行《建设工程工程量清单计价规范》（GB 50500—2013）的有关规定及当地工程造价管理机构发布的相关计价依据、标准。

② 招标控制价审核　招标控制价的审核主体一般为建设项目所在地的工程造价管理机构或其委托的工程造价咨询机构。招标控制价需经审核的，应安排在招标控制价公布之前，一般不得迟于投标文件截止日 10 日前。委托工程造价咨询机构对招标控制价审核应为全面的技术性审核，审核时间不得超过 5 个工作日。招标控制价应重点审核以下几个方面：

a. 招标控制价的项目编码、项目名称、项目特征、工程数量、计量单位等是否与发布的招标工程量清单项目一致；

b. 招标控制价的总价是否全面，汇总是否正确；

c. 计价程序是否符合《建设工程工程量清单计价规范》（GB 50500—2013）和其他相关工程造价计价的要求；

d. 分部分项工程综合单价的组成是否与相应清单特征描述内容匹配，定额子目选取及换算是否准确；

e. 主要材料及设备价格的取定是否结合了招标文件中相关技术参数要求，取值是否合理；

f. 措施项目所依据的施工方案是否正确、可行，费用的计取是否合理，安全文明施工费是否执行了国家或省级、行业建设主管部门的规定；

  g. 管理费、利润、风险等费用计取是否正确、得当；

  h. 规费、税金等费用计取是否正确；

  i. 专业工程暂估价的工程估价累计是否超过相关法规规定的比例。

③ 招标文件的招标范围与招标控制价的编制范围应一一对应 具体应注意以下几个方面的问题：

  a. 招标控制价计算图纸与招标时发给投标人的图纸内容必须统一；

  b. 招标控制价计价规则和依据必须与招标文件的计价规则和依据统一；

  c. 招标控制价计价材料标准及材料定价时间必须与招标文件的材料标准及材料定价时间统一；

  d. 招标控制价计算内容与招标文件招标范围内容必须统一；

  e. 措施项目费用的计取范围、标准必须符合规定，并与拟订的合适的施工组织设计和施工方案相对应；

  f. 在编制招标控制价时，要有对招标文件进行进一步审议的思路，对存在的问题及时反馈处理，避免合同履行时的纠纷或争议等问题出现。

4.2.3 采购项目

4.2.3.1 采购项目的划分

项目采购的划分主要是根据拟采购产品的技术标准、质量标准及服务标准，按照有利于采购项目实施的原则进行分类。

采购前应当对采购标的的市场技术或者服务水平、供应、价格等情况进行市场调查，根据调查情况、资产配置标准等，科学、合理地确定采购需求，进行价格测算。

4.2.3.2 采购需求应包括的内容

采购需求应当完整、明确，包括以下内容：

① 采购标的需实现的功能或者目标，以及为落实采购政策需满足的要求。

② 采购标的需执行的国家相关标准、行业标准、地方标准或者其他标准及规范。

③ 采购标的需满足的质量、安全、技术规格、物理特性等要求。

④ 采购标的的数量、采购项目交付或者实施的时间和地点。

⑤ 采购标的需满足的服务标准、期限、效率等要求。

⑥ 采购标的的验收标准。

⑦ 采购标的的其他技术、服务等要求。

4.2.3.3 采购过程应注意的内容

① 采购人根据价格测算情况，可以在采购预算额度内合理设定最高限价，但不得设定最低限价。

② 采购项目的技术规格、数量、服务标准、验收等要求，包括附件、图纸等必须在采购文件中明确并公开。

③ 采购项目符合下列情形之一的，评标委员会成员人数应当为 7 人以上单数：

  a. 采购预算金额在 1000 万元以上；

b. 技术复杂；

c. 社会影响较大。

④ 采购文件的评分办法中货物项目的价格分值占总分值的比重不得低于30%，服务项目的价格分值占总分值的比重不得低于10%。执行国家统一定价标准和采用固定价格采购的项目，其价格不列为评审因素。

4.2.3.4 采购阶段信息资料收集及保管

（1）采购活动记录资料内容

① 采购项目类别、名称。

② 采购项目预算、资金构成和合同价格。

③ 采购方式，采用公开招标以外的采购方式的，应当载明原因。

④ 邀请和选择供应商的条件及原因。

⑤ 评标标准及确定中标人的原因。

⑥ 废标的原因。

⑦ 采用招标以外采购方式的相应记载。

（2）采购文件内容

① 采购活动记录。

② 采购预算。

③ 招标文件。

④ 投标文件。

⑤ 评标标准。

⑥ 评估报告。

⑦ 定标文件。

⑧ 合同文本。

⑨ 验收证明。

⑩ 质疑答复。

⑪ 投诉处理决定及其他有关文件、资料。

（3）采购保存时间及内容规定　采购人、采购代理机构对采购项目每项采购活动的采购文件应当妥善保存，不得伪造、变更、隐匿或者销毁。采购文件的保存期限为从采购结束之日起至少十五年。

4.3　施工阶段咨询服务

4.3.1　投资管控

4.3.1.1　投资控制流程

项目的投资控制是指在决策阶段、勘察设计阶段、招标采购阶段、施工阶段，把工程项目投资控制在批准的概算条件下，并确保项目保质、按期完成。

按照图4-8中工程项目投资控制的四个过程，细化各个过程的内容，如图4-9所示。

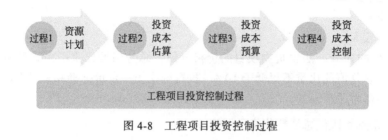

图 4-8 工程项目投资控制过程

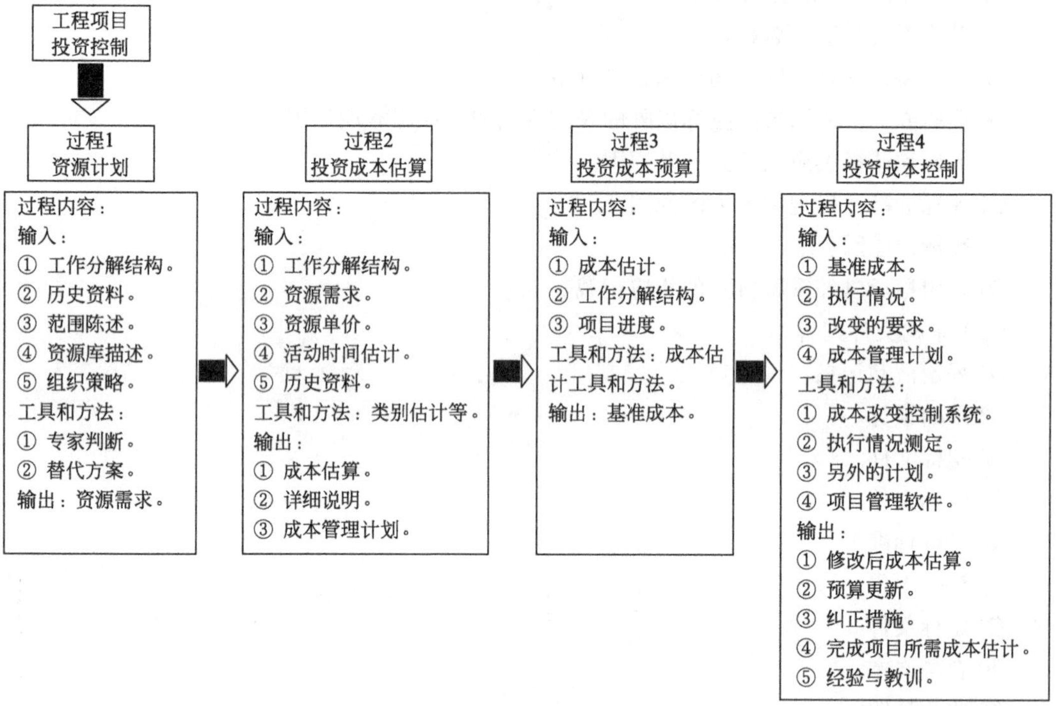

图 4-9 投资控制流程图

4.3.1.2 投资控制要点

工程项目进行投资控制时,应遵循投资最优化原则、全过程成本控制原则。

(1)设计阶段的投资控制 根据国际上普遍分析认定,工程建设项目的设计费虽占总投资的 2% 左右,但对工程造价实际影响程度却占 80% 以上,这说明设计阶段是控制工程造价的关键。改变目前工程设计实报实销的做法,在保证使用功能的前提下,通过优化设计,促进精心设计,使技术与经济紧密结合。建议设立设计的奖惩制度,进行限额设计,并搞好限额管理,是有效使用和控制建设资金的有力措施。

(2)项目建设过程中费用控制的难点 建设项目的复杂性在于工程中有很多不确定因素。比如施工方案的确定、开挖后现场条件的变化、新增项目单价、设计变更及签证、材料及设备价格变化等费用的审核。

管线搬迁费用的审核也是一大难点。在电力、电信、公用事业等公用管线建设中,不少单位集建设、施工、管理于一体,所以公用管线工程造价与市场价存在一定的差距。管线搬迁由于涉及的大多为行业垄断部门，由于其服务对象的社会性、工程内容的专业性、施工条件的不确定性、环境影响的多样性、工地的开放性等原因，一般都存在搬迁费用不透明、定额套用不合理、材料价格过高等通病。

作为总咨询方，加强管线的前期摸查及方案规划、加强管线搬迁费用的测算与审核显得尤为重要。在审核时严格执行规定，按需搬迁、按规划实施、按实计算，力争此部分费用合理化。

（3）前期动拆迁（征地）工作的难点及采取的措施　前期动拆迁（征地）工作任务重、时间紧，如处理不当很可能造成激化当地群众矛盾、影响工程进度。

咨询单位作为独立的第三方，应公正地协调、处理动拆迁工作中涉及相关各方的问题，维护、保证各方的切身利益。提高动拆迁工作的透明度，真正解决"有情操作"的随意性及动拆迁工作中"老实人吃亏"的问题，维护社会稳定，化解建设单位与被拆迁人的矛盾等。

4.3.2　进度管控

4.3.2.1　进度管控流程

进度管控流程见图 4-10。

4.3.2.2　进度控制要点

工程决策时应根据决策目标编制建设工程项目一级网络计划（项目总目标计划），将工程的决策阶段、实施阶段、运营阶段均包含在一级网络计划中，运用 PDCA 循环管理原理进行管理。

（1）决策阶段、实施阶段的设计阶段进度控制　决策阶段包括编制项目建议书、编制可行性研究报告，此阶段的进度控制应根据一级网络计划的进度要求分人分单位分解为二级网络计划实施执行，运用 PDCA 循环管理原理进行管理。

实施阶段的设计阶段包括设计准备阶段和设计阶段。设计准备阶段包括编制设计任务书，设计阶段包括初步设计、技术设计、施工图设计等工作任务。此阶段，设计单位应依据一级网络计划进行设计阶段的任务分解，落实到实施部门，形成二级网络计划，实施部门再根据二级网络计划落实到人，形成三级网络计划，若有必要，具体实施的人员应编制四级网络计划，实现工作按照计划执行。各级网络计划按照 PDCA 循环管理原理进行管理。

（2）实施性进度计划编制　实施性进度计划是指可操作性的进度计划，一般分为一级网络计划、二级网络计划、三级网络计划、四级网络计划。各级网络计划可以运用 Office、CAD 等相关软件进行编制，具体表示可采用横道图、双代号网络计划、双代号时标网络计划、单代号搭接网络计划等。为表达项目的逻辑、方便进行计划的跟踪等，建议采用双代号时标网络计划表示。

一级网络计划由建设单位根据决策目标进行编制，包括项目的决策阶段、实施阶段、运营阶段。根据一级网络计划进行目标分解，编制二级网络计划。实施单位或部门根据二级网络计划进行目标分解，编制三级网络计划。实施人员根据三级网络计划编制四级网络计划。

（3）进度动态控制　进度控制通过各级网络计划的执行来实现，在执行过程中，因各种原因会出现实际进度与计划进度产生偏差，产生偏差后要对进度进行动态控制。

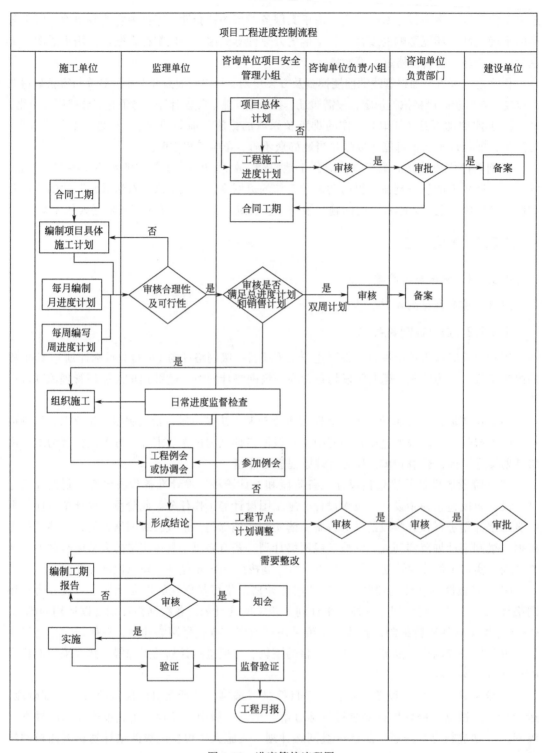

图 4-10 进度管控流程图

进度的动态控制运用 PDCA 循环管理原理来实现。当产生进度偏差时,应运用因素分析法进行进度偏差分析,根据分析结果运用组织措施、经济措施、技术措施、管理措施进行纠偏。当无法纠偏时，应根据实际执行情况动态调整网络计划。

4.3.3 质量管控

4.3.3.1 质量控制流程

工程在建造的过程中，质量是控制的核心。质量控制贯穿在工程的全过程生命周期，主要包括审查承建单位及人员资质、组织设计方案评比、施工方案的选择、控制设计变更及签证。

为统一建设项目质量评价的基本指标和方法，国家于2006年出台了《建筑工程施工质量评价标准》(GB/T 50375—2016，以下简称《标准》)。《标准》以"地基及桩基工程、结构工程"等5个工程部位为评价框架体系，每个工程部位又以"施工现场质量保证条件、观感质量"等5个评价内容进行权重值分配，各评价项目又按实际达到的标准划分为三个档次。如项目打算申报工程奖项，其质量目标在工程开工前就应确立，并围绕此目标进行建设，制定相应的细化目标。对高级别的质量奖项，施工企业应高度重视，创立专门的创优支持部门。创优细化文件应根据工程具体情况及设计文件编制，由公司总工程师负责，项目经理编制，公司技术部门及项目部所有技术人员共同参与进行。总咨询单位也应积极参与其中，积极调动监理、设计、勘察等各部门或单位，为完成质量目标创造最优条件。在确立目标时就立即制定目标及细则。创优细化文件应包括质量目标、质量保证体系、组织管理及明确的人员分工、工程的重点难点的分解落实等。

4.3.3.2 质量控制要点

（1）质量计划的编制　在企业已建立质量管理体系的情况下，质量计划的内容必须全面体现和落实企业质量管理体系文件的要求，编制程序、内容和编制依据应符合有关规定，同时结合本工程的特点，在质量计划中编写专项管理要求。质量计划的基本内容一般应包括：

① 工程特点及工程实施条件（合同条件、法规条件和施工现场条件等）分析；
② 质量总目标及其分解目标；
③ 质量管理组织机构和职责，人员及资源配置计划；
④ 确定设计工艺及施工方案；
⑤ 材料、设备等物质的质量管理及控制措施；
⑥ 质量检验、检测、试验工作的计划安排及其实施方法与检测标准；
⑦ 质量控制点及其跟踪控制的方式与要求；
⑧ 质量行为记录的要求；
⑨ 质量计划需包含的其他内容。

建设单位的质量计划编制应由建设单位建设工程项目管理的质量管理部门组织编制，并由建设单位工程主管领导批准后执行，也可以由咨询单位协助建设单位编制完成，经建设单位工程管理部门及分管领导批准后执行。

施工单位的施工质量计划应由施工承包企业项目经理部主持编制，报组织管理层批准。在平行发包模式下，各承包单位应分别编制施工质量计划；在总分包模式下，施工总承包单位应编制总承包工程范围内的施工质量计划，各分包单位编制相应分包范围的施工质量计划，作为施工总承包单位质量计划的深化和组成部分，施工总承包单位有责任对各分包单位施工质量计划的编制进行指导和审核，并承担相应施工质量的连带责任。

根据整个工程项目质量的要求及建设单位质量计划的要求，施工质量计划涵盖的范围应与工程合同施工任务的实施范围一致，以保证整个项目工程的施工质量总体受控。项目的施工质量计划应在施工程序、控制组织、控制措施、控制方法等方面形成一个有机的质量计划系统，确保实现建设单位项目质量总目标和分解目标的控制能力。

项目工程质量控制流程见图4-11。

施工质量计划在施工企业内部完成审批后，应按照现行建设工程监理规范的要求，经项目监理机构审查，经监理机构审查后报建设单位。质量计划需要调整时，应按照程序重新审查。

（2）材料、设备质量控制 材料、设备是工程实体的主要构成部分，其质量是建设工程项目工程实体质量的基础，加强材料、设备的质量控制是提高工程质量的必要条件。

材料、设备质量控制的主要内容包括控制材料、设备的性能、标准、技术参数符合设计要求，材料、设备的各项技术性能指标、检验测试指标符合相关规范的要求，材料、设备进场验收程序符合法律法规要求，材料、设备质量文件资料应完整，禁止使用国家明令禁用或淘汰的建筑材料和设备，优先采用节能低碳的新型建筑材料和设备。

材料、设备进场后严格按照国家现行法律法规、设计文件、建设单位质量计划、施工单位施工质量计划等质量控制性文件执行检验试验及验收。

（3）施工质量控制 施工质量控制应贯彻全面质量管理、全过程质量管理、全员参与质量管理的"三全"管理的思想和方法，充分运用PDCA循环管理原理进行质量的事前控制、事中控制、事后控制。

通过编制施工质量计划、明确质量目标、制定施工组织方案、设置质量控制点、落实质量责任，分析可能导致质量目标偏离预定目标的各种影响因素，并针对这些影响因素制定有效的预防措施，防患于未然，进行事前质量控制。

事前质量控制要针对质量控制对象的控制目标、活动条件、影响因素等进行周密分析，找出质量薄弱环节，制定有效的控制措施和对策，实现建设工程项目管理的事前质量控制。

事中质量控制是指在施工质量形成过程中，对影响施工质量的各种因素进行全面的动态控制。具体包括施工作业人员在施工过程中自我质量约束、施工单位内部质量管理（技术交底、质量巡视等），以及监理单位（旁站、验收、巡查、巡检等）、咨询单位（巡查、巡检等）、建设单位（巡查、巡检等）和政府质量监督部门（验收、巡查、巡检）等的监控。

施工过程中，各单位应严格按照国家法律法规、设计图纸、建设单位质量计划、施工单位施工质量计划等执行检验试验、验收等，各单位应随时进行施工现场巡视、巡查，将发现的质量问题控制在施工过程中。

事后质量控制也称为事后质量把关，以使上道工序质量不合格时，严禁进入下道工序施工。事后控制包括对质量活动结果的评价和认定、对工序质量偏差的纠正、对不合格工程进行整改和处理。重点是发现施工质量问题，并通过分析提出质量改进的措施，保持质量处于受控状态。

全过程工程咨询团队应对整个质量事故处理过程形成质量事故处理报告，报投资人，并按政府主管部门的要求提供有关报告。

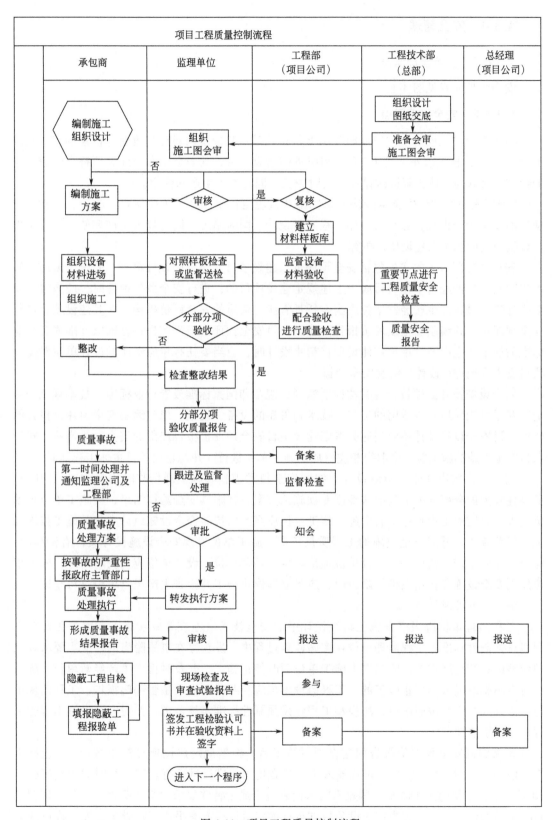

图 4-11 项目工程质量控制流程

4.3.4 安全管理

4.3.4.1 安全管理流程

安全管理流程见图4-12。

4.3.4.2 安全管理要点

（1）安全"三同时" "三同时"制度是指凡是在我国境内新建、改建、扩建的基本建设项目（工程），技术改建项目（工程）和引进的建设项目，其安全生产设施必须符合国家规定的标准，必须与主体工程同时设计、同时施工、同时投入生产和使用。

《中华人民共和国安全生产法》第二十八条规定：生产经营单位新建、改建、扩建工程项目的安全生产设施，必须与主体工程同时设计、同时施工、同时投入生产和使用。安全生产设施投资应当纳入建设项目概算。

安全"三同时"的实施包括安全预评价、建设项目安全设施设计审查、安全设施施工和竣工验收。生产经营单位项目属于上述规定建设项目的，进行安全条件论证时，应当编制安全条件论证报告。生产经营单位应当委托具有相应资质的安全评价机构，对其建设项目进行安全预评价，并编制安全预评价报告。建设项目安全预评价报告应当符合国家标准或者行业标准的规定。生产经营单位在建设项目初步设计时，应当委托有相应资质的设计单位对建设项目安全设施进行设计，编制安全专篇。

安全设施设计必须符合有关法律、法规、规章和国家标准或者行业标准、技术规范的规定，并尽可能采用先进适用的工艺、技术和可靠的设备、设施。规定编制安全预评价报告的建设项目安全设施设计还应当充分考虑建设项目安全预评价报告提出的安全对策措施。建设项目安全设施的施工应当由取得相应资质的施工单位进行，并与建设项目主体工程同时施工。

施工单位应当在施工组织设计中编制安全技术措施和施工现场临时用电方案，同时对危险性较大的分部分项工程依法编制专项施工方案，并附具安全验算结果，经施工单位技术负责人、总监理工程师签字后实施。施工单位应当严格按照安全设施设计和相关施工技术标准、规范施工，并对安全设施的工程质量负责。施工单位发现安全设施设计文件有错漏的，应当及时向生产经营单位、设计单位提出。生产经营单位、设计单位应当及时处理。施工单位发现安全设施存在重大事故隐患时，应当立即停止施工并报告生产经营单位进行整改。整改合格后，方可恢复施工。

工程监理单位应当审查施工组织设计中的安全技术措施或者专项施工方案是否符合工程建设强制性标准。工程监理单位在实施监理过程中，发现存在事故隐患的，应当要求施工单位整改；情况严重的，应当要求施工单位暂时停止施工，并及时报告生产经营单位。施工单位拒不整改或者不停止施工的，工程监理单位应当及时向有关主管部门报告。工程监理单位、监理人员应当按照法律、法规和工程建设强制性标准实施监理，并对安全设施工程的工程质量承担监理责任。

要求编制安全预评价报告的建设项目竣工后，根据规定建设项目需要试运行（包括生产、使用，下同）的，应当在正式投入生产或者使用前进行试运行。试运行时间应当不少于30日，最长不得超过180日，国家有关部门有规定或者特殊要求的行业除外。生产、储存危险化学品的建设项目，应当在建设项目试运行前将试运行方案报负责建设项目安全许可的安

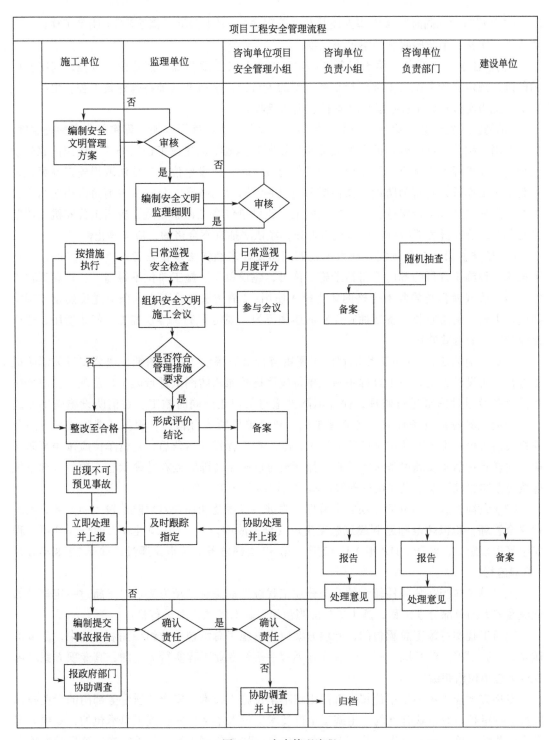

图 4-12 安全管理流程

全生产监督管理部门备案。建设项目安全设施竣工或者试运行完成后,生产经营单位应当委托具有相应资质的安全评价机构对安全设施进行验收评价,并编制建设项目安全验收评价报告。项目咨询单位应按照上述要求协助建设单位完成安全"三同时"相关实施工作。

（2）消防"三同时"　《中华人民共和国消防法》（以下简称《消防法》）明确了建设工程消防设计审核、消防验收和备案抽查制度。

《消防法》第十一条、第十三条第一款第一项及第二款明确了消防设计审核、消防验收的范围。规定对国务院公安部门规定的大型的人员密集场所和其他特殊建筑工程，由公安机关消防机构实行建设工程消防设计审核、消防验收。

《消防法》第十条、第十三条第一款第二项及第二款明确了其他工程实行备案抽查制度。规定对国务院公安部门规定的大型人员密集场所和其他特殊建设工程以外的，按照国家建设工程消防技术标准需要进行消防设计的其他建设工程，建设单位应当依法取得施工许可证之日起七个工作日内，将消防设计文件报公安机关消防机构备案，公安机关消防机构应当进行抽查；经依法抽查不合格的，应当停止施工。建设单位在工程验收后，应当报公安机关消防机构备案，公安机关消防机构应当进行抽查；经依法抽查不合格的，应当停止使用。

《消防法》第十二条规定，建设工程的消防设计未经依法审核或者审核不合格的，负责审批该工程施工许可的部门不得给予施工许可，建设单位、施工单位不得施工；建设工程未经消防验收或者消防验收不合格的禁止投入使用；《消防法》第五十八条对违反建设工程消防设计审核、消防验收、备案抽查规定的违法行为，规定了责令停止施工、停止使用、停产停业和罚款的行政处罚。

根据《消防法》，建设工程应在施工图审查合格后将消防相关图纸报送公安机关消防机构进行消防设计备案。施工过程中施工单位应严格按照消防图纸进行施工，监理单位应严格按照规范及设计图纸进行监理，保证消防设施与工程建设同时施工。在消防设施施工完成后，经调试具备运行条件时，经监理单位、建设单位验收合格后，根据《消防法》应向公安机关消防机构申请消防竣工验收或竣工备案。在工程投入运营后，运营单位应按照消防法律、法规等对消防设施设备进行检查，保证消防设施设备随时处在待命状态。项目咨询单位应按照上述要求协助建设单位处理好消防"三同时"相关工作。

（3）危险性较大的分部分项安全管理　为进一步规范和加强对危险性较大的分部分项工程安全管理，积极防范和遏制建筑施工生产安全事故的发生，《危险性较大的分部分项工程安全管理规定》已经于2018年2月12日在第37次部常务会议审议通过，并于2018年6月1日起施行。

施工单位应当在危险性较大的分部分项工程施工前编制专项方案。对于超过一定规模的危险性较大的分部分项工程，施工单位应当组织专家对专项方案进行论证。

建筑工程实行施工总承包的，专项方案应当由施工总承包单位组织编制。其中，起重机械安装拆卸工程、深基坑工程、附着式升降脚手架等专业工程实行分包的，其专项方案可由专业承包单位组织编制。

专项方案应当由施工单位技术部门组织本单位施工技术、安全、质量等部门的专业技术人员进行审核。经审核合格的，由施工单位技术负责人签字。实行施工总承包的，专项方案应当由总承包单位技术负责人及相关专业承包单位技术负责人签字。不需专家论证的专项方案，经施工单位审核合格后报监理单位，由项目总监理工程师审核签字。

超过一定规模的危险性较大的分部分项工程专项方案，应当由施工单位组织召开专家论证会。实行施工总承包的，由施工总承包单位组织召开专家论证会。施工单位应当根据论证报告修改完善专项方案，并经施工单位技术负责人、项目总监理工程师、建设单位项目负责人签字后，方可组织实施。实行施工总承包的，应当由施工总承包单位、相关专业承包单位技术负责人签字。专项方案经论证后需做重大修改的，施工单位应当按照论证报告修改，并重新组织专家进行论证。

监理单位应当对专项方案实施情况进行现场监理。对不按专项方案实施的，应当责令整改，施工单位拒不整改的，应当及时向建设单位报告；建设单位接到监理单位报告后，应当立即责令施工单位停工整改；施工单位仍不停工整改的，建设单位应当及时向住房和城乡建设主管部门报告。

咨询单位应按照上述要求，严格执行《危险性较大的分部分项工程安全管理规定》（建办质〔2018〕31号）的规定，协助建设单位完成危险性较大的分部分项工程安全管理。

4.3.5 合同管理

在项目建设过程中，工程建设合同起着至关重要的作用。建设项目合同管理要以投资控制为中心，做好合同前期谈判、签订、实施等工作，确保项目的经济效益。

4.3.5.1 合同管理流程

合同管理流程见图4-13。

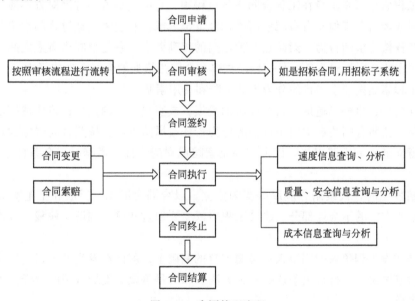

图4-13 合同管理流程

4.3.5.2 合同管理要点

（1）合同方式、类型、条件及其选择　建设工程合同的计价方式主要有三种，即总价合同（包括固定总价合同、可调总价合同）、单价合同和成本加酬金合同。

建设工程施工合同特点各异，建设单位应综合考虑工程项目的复杂程度、工程项目的设计深度、工程施工技术的先进程度、工程施工工期紧迫程度等影响因素，选择不同计价模式的合同。

（2）合同风险控制　合同风险是指合同中的以及由合同引起的不确定性。按照合同风险产生的原因可以将合同风险分为合同工程风险和合同信用风险，按照合同的不同阶段可以将合同分为合同订立风险和合同履约风险。

项目外界环境风险、项目组织成员资信和能力风险、管理风险是合同风险的主要类型。

为进行风险控制，应根据合同风险产生的原因制定相应的风险对策。常用的风险对策包括风险规避、减轻、自留、转移及其组合等策略。对于难以控制的风险可以向保险公司投保进行转移（如建筑工程一切险）。

合同执行过程中应收集和分析与合同风险相关的一切信息，预测可能发生的合同风险，对其进行监控并提出预警，采用相应的风险对策，使得合同风险得到有效的控制。

（3）合同变更、索赔、争议处理　合同变更是指当事人对已经发生法律效力，但尚未履行或者尚未完全履行的合同，进行修改或补充所达成的协议。合同法规定，当事人协商一致可以变更合同。合同变更包括狭义的合同变更和广义的合同变更。广义的合同变更指合同主体和合同内容均变更，狭义的合同变更仅指合同内容的变更，建设工程项目合同变更一般为狭义的合同变更。当合同存在变更时，由于建设工程合同签订的特殊性，有些合同需要送工程所在地县级以上地方人民政府建设行政主管部门备案。

合同当事人协商一致，可以变更合同。法律、行政法规规定，变更合同应当办理批准、登记等手续的，应依照其规定办理批准、登记等手续。

建设工程索赔通常是指在工程合同履行过程中，合同当事人一方因对方不履行或未能正确履行合同或者由于其他非自身因素而受到经济损失或权利损害，通过合同规定的程序向对方提出经济补偿要求的行为。索赔是一种正当的权利要求，它是合同当事人之间一项正常的而且普遍存在的合同管理业务，是一种以法律和合同为依据的合情合理的行为。

建设工程索赔按照索赔目的分为工期索赔和费用索赔。

与合同对照，事件已造成了自身经济的受损，或直接工期的损失；造成费用增加或工期损失的原因，按照合同约定不属于自身的行为责任或风险责任；按照合同规定的程序和时间提交索赔意向通知和索赔报告。以上三项是索赔成立的条件，索赔时三个条件应同时具备，缺一不可。

在索赔发生时，被索赔方应以事实为依据，以合同为准绳，反驳和拒绝对方的不合理要求或索赔要求中的不合理部分。建设工程争议主要通过和解、调解、仲裁、诉讼四种途径处理。

和解是建设工程争议的当事人在志愿谅解的基础上，就已经发生的争议进行协商、妥协与让步并达成协议，自行解决争议的一种方法。和解是争议处理最常用的途径，也是解决争议最多的途径。

调解是指双方当事人以外的第三方应争议当事人的请求，以法律、法规、政策或合同约定以及社会工作为依据，对争议双方进行疏导、劝说，促使他们互相谅解，进行协商，自愿达成协议，解决争议的活动。

仲裁是当事人根据在争议发生前或争议发生后达成的协议，自愿将争议提交第三方（仲裁机构）作出裁决，争议各方都有义务执行裁决的一种解决争议的方式。

诉讼是指人民法院在当事人和其他诉讼参与人的参加下，以审理裁判执行等方式解决建设工程争议的活动，以及由此产生的各种诉讼关系的总和。

当争议发生时，首先应进行协商和解，当协商和解不成时，可进行调解、仲裁、诉讼等，但应优先选择调解解决。

4.3.6 信息管理

4.3.6.1 信息管理流程

全过程工程咨询单位信息管理对象包括相关的专业数据库管理和专业软件管理。全过程咨询单位应利用计算机、互联网通信技术及 BIM 技术将信息管理贯穿咨询服务全过程。信息管理流程如图 4-14。

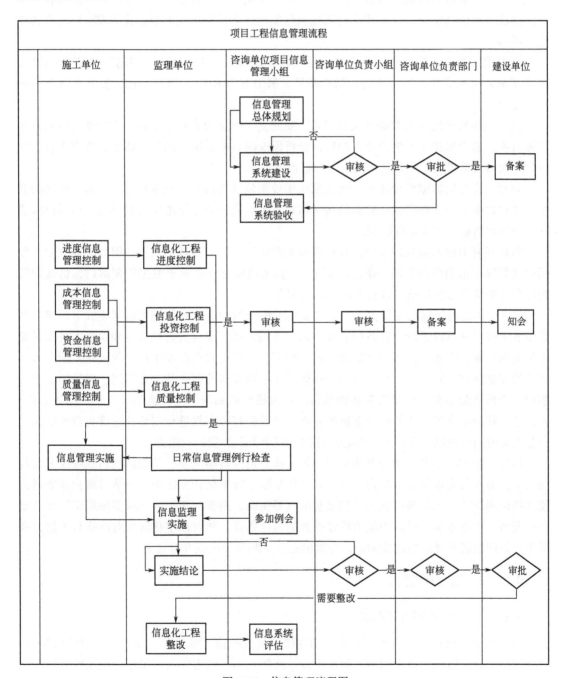

图 4-14 信息管理流程图

4.3.6.2 信息管理要点

（1）在施工阶段 BIM 技术运用　施工阶段可使用 BIM 技术进行现场布置方案的审核和优化、进度审批、施工方案模拟、工作面管理、质量和安全管理精细化、工程资料信息化、高效的协同管理。

但是 BIM 软件种类很多，成本高昂，技术创新与支撑能力依然不够，我国与国外均存在较大差距，整体上落地实施的项目不多。BIM 应用的实践数据、数据所有权、隐私权等相关法律法规和信息安全、开放共享的规范和标准缺乏或可操作性不强，技术安全防范和管理能力不够。

全过程工程咨询单位应加强人才队伍建设，提高 BIM 应用效率。未来，需要我们继续坚持国家大数据战略，审时度势，精心布局，努力开拓 BIM 发展新局面，更好地服务我国项目建设。

（2）建筑行业应用大数据的关键因素　要建立一体化的大数据平台。大数据应用效果较好的行业，通常都建立了生产业务和数据分析深度融合的系统。通过一体化大数据平台，数据的汇聚和共享得以实现，从而提升了数据价值。

要形成良好的数据管理体系。大数据应用效果较好的行业，通常都已经开展了成熟的数据治理和数据资产管理实践。数据的共享和集成水平比较高，标准化的数据管控体系得以建立，数据的质量、安全得以保证。

组建强有力的数据管理部门。数据管理职能应该有专门的部门实施，因此应成立专门数据管理领导小组和数据管理（处理）部门，将数据的监管职责赋予数据管理部门，由数据管理部门集中管理监控数据，各有关职责部门配合。

（3）"传统的管理和考核方式"与"变革思维"的冲突　在传统的运营模式下，建设项目中各单位已经形成了较为完备的管理体系和考核方式，现有的管理人员和执行人员都习惯了传统的管理和考核。但当前在信息化的要求下，生产模式正在发生巨大的变化，如引入了新的管理软件和协同平台。而相应的管理体系和考核方式的变化却与之不同。建设项目中各单位内部的管理者和执行员工就将面临传统的考核要求和新的生产流程、方式之间的矛盾。咨询单位既需要满足传统的条条框框的要求，又需要打破常规进行创新，这难免会使很大一部分人短时间内难以适应，甚至担心。这很可能变为生产变革的阻力。

所以，建设项目参与单位必须优化组织架构，适应转型需要，从管理机制和考核方面共同入手，为运营变革提供好的内部环境和文化氛围。数字化转型带来了网络运维和业务运营模式的深刻变革，人才转型成为转型成功的重要保障，是参与单位向"业务拓展型"和"双向拓展型"生态位演进过程中能力得以改善的基础条件。随着数字化转型对网络自主能力和网络产品创新能力要求的逐步加强，与时俱进、不断学习已经非常重要。

4.3.7　组织协调服务

4.3.7.1　组织协调服务流程

（1）概述　项目沟通协调，主要是沟通协调建设单位、承包商、全过程工程咨询单位、政府部门、金融组织、社会团体、服务单位、新闻媒体、周边群众等工作。全过程工程咨询单位应按照委托服务合同的约定，实施有关协调工作，明确与委托人在关系协调方面的界面界定，更好地做好协调工作，更好地服务于项目。本书以委托人全权委托全过程工程咨询单位为例。

（2）协调应遵守的原则

① 遵纪守法是协调工作的第一原则。全过程工程咨询单位必须遵守国家、地方及项目所在地工程建设法律法规，在法律法规许可范围内做好协调工作。

② 维护公正原则。全过程工程咨询单位应站在项目立场，公平处理纠纷，以最大项目利益为原则做好协调工作，维护利益相关人的利益。如此方能有效维护委托人的利益。

③ 协调与控制目标一致原则。全过程工程咨询单位在协调过程中，应注意质量、工期、投资、环境、安全的统一，不能有所偏废，不能脱离项目建设目标。

组织协调服务流程见图4-15。

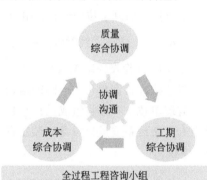

图4-15 组织协调服务流程

4.3.7.2 组织协调服务要点

（1）组织方案及其控制 为更好地进行项目实施管理，确保项目保质保量顺利实施，从建设项目前期、质量、工期与进度、投资管理、设计管理、竣工阶段管理等管理方面提出管理的组织方案，以明确干什么、怎么干、要达到什么目的和效果，以实现对项目进行高效率的计划、组织、指导和控制。

组织方案确定后，组织的管理层严格按照组织方案进行统筹协调管理，控制管理按照方案实施。

（2）协调政府主管部门 政府提供建设环境，获得税收；建设单位依法获得土地，建设已核准项目。建设单位不能孤立地解决矛盾，必须依托政府，特别是最大限度地争取地方各级政府（市、区、镇及村委等）支持、协调，确保大环境的和谐。项目全过程管理过程中，咨询单位应根据项目进展需求，为建设单位协调政府主管部门提出合理的咨询建议。

（3）协调参与单位之间工作关系 现场参建单位，因项目而走到一起，目标是一致的，包括设计单位、监理单位、施工单位、调试单位、生产单位等，都在设法寻求以最佳方案、最短时间、最少投入保质保量完成项目建设，是项目建设的主要力量。建设单位与现场参建单位的关系属内部环境关系，一般情况下由总咨询单位协调，建设单位参与。当协调不畅时，咨询单位根据具体情况协助建设单位协调各参与单位，或为建设单位提出咨询建议。

4.4 竣工阶段咨询服务

竣工阶段包含建设项目的竣工验收和交付，是项目建设期的最后一道程序。该阶段全过程工程咨询单位组织、策划、实施的结果决定了建设项目能否顺利交付使用，是项目实现建设目标的重要一环。这阶段咨询工作除需要对建设实体工程按照法律法规及规范、标准等相关文件进行实体验收与交付外，还须对建设全过程的工程资料按照相关档案备案管理要求实施备案管理等一系列竣工验收阶段的工作。

4.4.1 竣工阶段的组织策划

竣工阶段的组织策划依据法律法规及规范、标准等相关文件进行。在竣工阶段包含部分分项工程的验收和建设项目的验收，它们的组织策划如下。

4.4.1.1 分项工程验收的组织

分项工程验收的组织成员一般为：建设单位——验收组组长；验收主管部门——分项验收工程验收监督单位；咨询单位——协助组长实施协调、组织、管理的工作；设计单位——验收组成员；监理单位——验收组成员；承包单位——验收组成员。

4.4.1.2 建设项目验收的组织

建设项目验收的组织成员一般为：建设单位——验收组组长；主管部门——验收工程验收监督单位；咨询单位——协助组长实施协调、组织、管理的工作；设计单位——验收组成员；监理单位——验收组成员；承包单位——验收组成员；设备供应商——验收组成员，项目中有复杂设备或进口设备安装工程时应安排供应商参与验收工作；运维单位——验收组成员（建议）。

4.4.2 竣工阶段的流程策划

竣工验收的流程一般如图 4-16 所示，但在具体项目编制竣工验收流程图时，除遵守国家及部门相关法律法规外，还必须参照执行当地行业主管部门的规定以及双方承包合同的约定制定该建筑工程竣工验收流程图。

4.4.3 竣工阶段的计划策划

竣工阶段管理咨询应根据施工阶段的管理咨询计划和分项工程之间与项目竣工验收阶段工作内容的时间逻辑次序，制定该项目的计划策划，安排分项工程之间与项目竣工验收阶段的工作计划和时间节点。

4.4.4 策划建设项目评奖的实施

根据全过程工程咨询的前期策划，在竣工验收阶段对前期策划的项目获奖目标进行申报准备及实施的相关工作。这阶段全过程工程咨询单位对项目评奖应按申报奖项的评定标准、评定流程规定，收集整理本阶段评奖资料，制定对照标准核查现场，对相关问题实施制定纠偏的措施，并督促落实的一系列策划安排。

4.4.5 运维管理建议与培训策划

通过全过程工程咨询在前阶段的系统性工作，对项目在实施及竣工验收和试运行中发现的缺陷有全面的认识。咨询单位通过项目运维咨询报告，把掌握的项目缺陷信息传递给运维单位，使运维单位能尽早充分全面地了解影响项目运维的因素情况，且通过咨询单位对运维单位人员的岗前培训，做到提前预防和重点维护，为运维管理工期做好准备，从而降低了建设项目在建设期内的不足对运维的影响，也提高了项目运维的效率，保障了项目目标的实现。

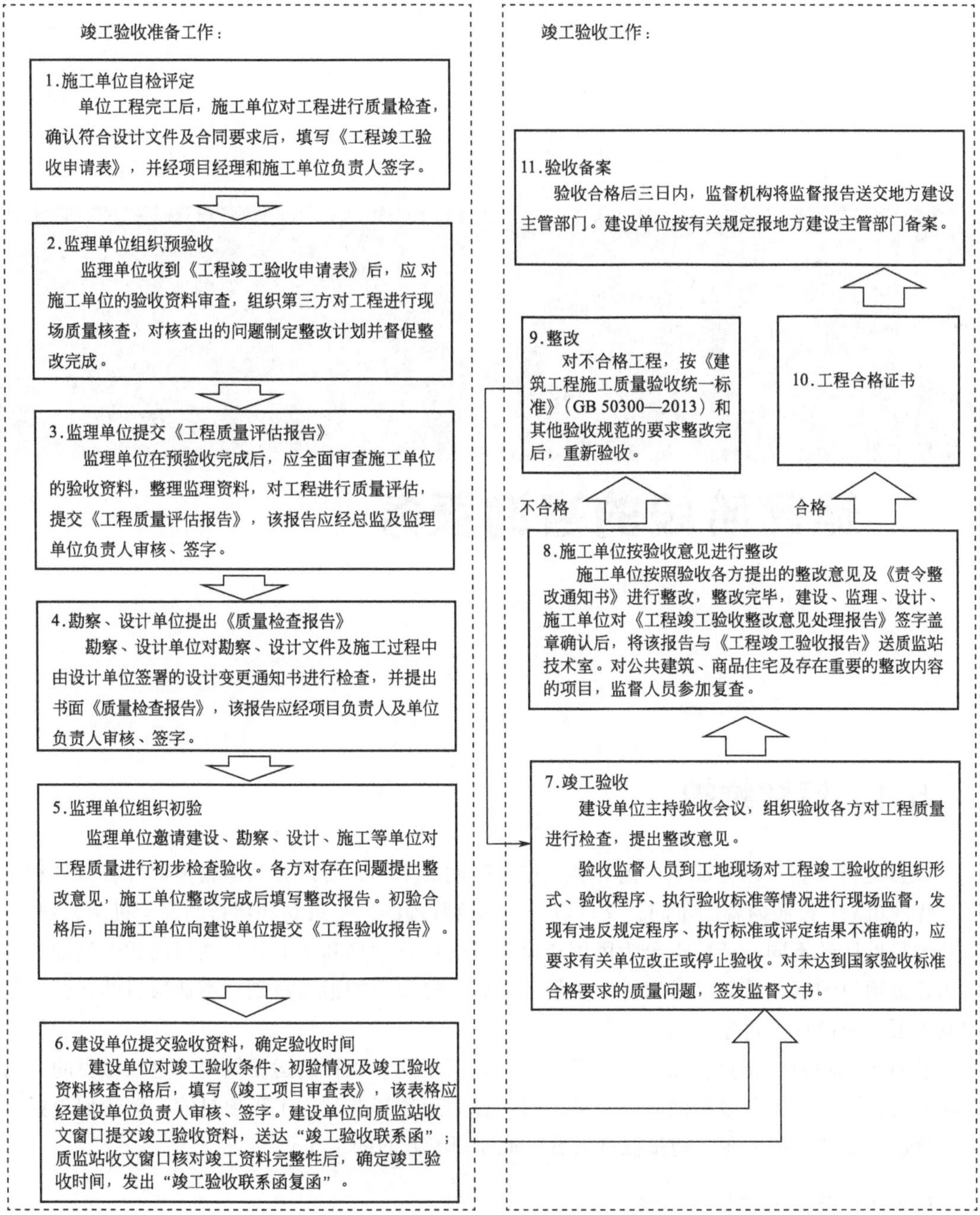

竣工验收准备工作：

1. 施工单位自检评定
   单位工程完工后，施工单位对工程进行质量检查，确认符合设计文件及合同要求后，填写《工程竣工验收申请表》，并经项目经理和施工单位负责人签字。

2. 监理单位组织预验收
   监理单位收到《工程竣工验收申请表》后，应对施工单位的验收资料审查，组织第三方对工程进行现场质量核查，对核查出的问题制定整改计划并督促整改完成。

3. 监理单位提交《工程质量评估报告》
   监理单位在预验收完成后，应全面审查施工单位的验收资料，整理监理资料，对工程进行质量评估，提交《工程质量评估报告》，该报告应经总监及监理单位负责人审核、签字。

4. 勘察、设计单位提出《质量检查报告》
   勘察、设计单位对勘察、设计文件及施工过程中由设计单位签署的设计变更通知书进行检查，并提出书面《质量检查报告》，该报告应经项目负责人及单位负责人审核、签字。

5. 监理单位组织初验
   监理单位邀请建设、勘察、设计、施工等单位对工程质量进行初步检查验收。各方对存在问题提出整改意见，施工单位整改完成后填写整改报告。初验合格后，由施工单位向建设单位提交《工程验收报告》。

6. 建设单位提交验收资料，确定验收时间
   建设单位对竣工验收条件、初验情况及竣工验收资料核查合格后，填写《竣工项目审查表》，该表格应经建设单位负责人审核、签字。建设单位向质监站收文窗口提交竣工验收资料，送达"竣工验收联系函"；质监站收文窗口核对竣工资料完整性后，确定竣工验收时间，发出"竣工验收联系函复函"。

竣工验收工作：

11. 验收备案
    验收合格后三日内，监督机构将监督报告送交地方建设主管部门。建设单位按有关规定报地方建设主管部门备案。

9. 整改
   对不合格工程，按《建筑工程施工质量验收统一标准》（GB 50300—2013）和其他验收规范的要求整改完后，重新验收。

10. 工程合格证书

不合格　　　　　　　　合格

8. 施工单位按验收意见进行整改
   施工单位按照验收各方提出的整改意见及《责令整改通知书》进行整改，整改完毕，建设、监理、设计、施工单位对《工程竣工验收整改意见处理报告》签字盖章确认后，将该报告与《工程竣工验收报告》送质监站技术室。对公共建筑、商品住宅及存在重要的整改内容的项目，监督人员参加复查。

7. 竣工验收
   建设单位主持验收会议，组织验收各方对工程质量进行检查，提出整改意见。
   验收监督人员到工地现场对工程竣工验收的组织形式、验收程序、执行验收标准等情况进行现场监督，发现有违反规定程序、执行标准或评定结果不准确的，应要求有关单位改正或停止验收。对未达到国家验收标准合格要求的质量问题，签发监督文书。

图 4-16　建筑工程竣工验收流程图

第5章

运营阶段的咨询服务

5.1 运营维护

项目运营策划可以分成不同的种类。按照时间的不同,可以分为运营前的准备策划和运营过程的策划;按照内容的不同,又可以分为运营管理的组织策划和项目的经营机制策划等;按照项目性质的不同,还可以分为民用建设项目的运营策划和工业建设项目的运营策划。而民用建设项目的运营策划又可以进一步划分为办公楼项目的运营策划、商业项目的运营策划和酒店项目的运营策划等。

针对不同项目的特点,项目的运营策划也有所不同。项目的运营策划不是在项目的运营阶段才进行。项目运营策划的时间越早,对项目的运营越有利。工程项目的运营策划包括确立项目运营管理组织方案、初步拟订人员需求计划等方面的工作。

5.1.1 运营维护服务内容

运营维护服务内容见表5-1。

表5-1 运营维护服务内容

流程编码	流程描述	责任人	流程内容
××/YWGK××1	运营维护战略策划	总咨询师、运营管理小组	略
××/YWGK××2	运营维护计划策划	投资管控咨询师、运营管理小组	略
××/YWGK××3	质量保修策划	运维管理咨询师、运营管理小组	略

续表

流程编码	流程描述	责任人	流程内容
××/YWGK××4	费用策划	投资管控咨询师、运营管理小组	略
××/YWGK××5	运营维护主体策划	运维管理咨询师、运营管理小组	略
××/YWGK××6	设备材料采购策划	运维管理咨询师、运营管理小组	略
××/YWGK××7	运营维护合同策划	投资管控咨询师、运营管理小组	略
××/YWGK××8	信息管理策划	运维管理咨询师、运营管理小组	略
××/YWGK××9	风险管理策划	总咨询师、运营管理小组	略

5.1.2 运营维护服务策划

5.1.2.1 运营维护战略策划流程

运营维护方案规划应根据项目特点，制定运营维护方案服务合同内容，使运营维护按委托服务合同约定的内容进行，根据项目特点、性质、规模，确定相匹配的现代先进管理模式，成立机构，安排人员，确定运营维护管理目标，制定运营维护管理制度，制定运营及维护质量目标与保证措施，制定项目运营、运维财务综合体系保证措施，设置运维后评价评价指标，保障运营维护战略策划。

5.1.2.2 运营维护计划策划流程

研究制定特定项目的运营维护咨询服务计划，应建立项目工程的维护档案，运用计算机管理工程有关的图纸、合同等资料，建立维护责任单位的信息等，为运营维护提供条件，在运营维护书中约定维护范围、维护期限和维护责任等。

5.1.2.3 质量保修策划流程

① 研究制定特定项目的质量保修咨询服务计划，应建立项目工程的维护档案，运用计算机管理工程有关的图纸、合同等资料，建立维护责任单位的信息等，为工程保修提供条件，在工程质量保修书中约定保修范围、保修期限和保修责任等。

② 在保修期限内出现质量缺陷，应当及时向施工单位发出保修通知，监督施工单位实施保修，并告知原工程质量监督机构。

③ 保修完成后，全过程工程咨询单位组织建设单位、施工单位验收。涉及结构安全的，应报当地建设行政主管部门备案。

④ 质量保修单位拒不履行义务的，全过程工程咨询单位应通知建设单位，按建设单位委托另行选择其他单位保修，并依据合同约定和有关法律规定向原施工单位追究责任。

⑤ 在保修期内，因房屋建筑工程质量缺陷造成房屋所有人、使用人或者第三方人身、财产损害的，上述权利受害人若向建设单位提出赔偿要求的，全过程工程咨询单位应协助建设单位向造成房屋建筑工程质量缺陷的责任方追偿。若因保修不及时造成新的人身、财产损害，应协助建设单位向造成拖延结果的责任方追偿。

5.1.2.4 费用策划

编制运营维护成本计划，编制内容则针对项目的业态形式、运维内容、运维范围，确认各项收入组成，进行各项收入整理，确定编制内容、编制方法、编制依据、编制作用。具体详见本系列丛书第八分册《全过程工程咨询运维阶段》。

5.1.2.5 运营维护主体策划

具体详见本系列丛书第八分册《全过程工程咨询运维阶段》。

5.1.2.6 设备材料采购策划

设备材料是指项目在日常经营、生产、运行、维护、维修过程中持有或耗用的材料、物料，或者为生产准备的工器具等维修用材料、消防材料、日常管理耗用的材料、事故备品、低值易耗品等。不包括项目建设和技改类项目用物资。具体详见本系列丛书第八分册《全过程工程咨询运维阶段》。

5.1.2.7 运营维护合同策划

具体详见本系列丛书第八分册《全过程工程咨询运维阶段》。

5.1.2.8 信息管理策划

（1）信息管理内容　包括库存信息、物流信息、财务信息、研发信息、生产信息、设备信息、人力资源、综合信息、其他信息等所有信息的采集、处理、传输、使用。

（2）信息管理　建设工程项目的业主方和参与各方往往分散在不同的城市，或不同的国家，因此其信息处理应考虑充分利用远程数据通信的方式。信息化、网络化、集成化是工程管理的重要手段，信息化系统具有较强的适应性、集成性、安全性，能够实现信息有效的流通、进行资源和知识共享有效的管理、降低工程成本的维护、实现设备的远程监控、提升内部信息的共享性。全过程工程咨询单位应当根据委托合同约定内容，帮助委托方建立项目信息管理系统，做好项目信息系统的运行维护。

（3）大数据与物联网在项目中的运用　工程项目中通常将传感器和设备与基础设施相连，使之能够对所收集的数据进行分析。设备的智能传感器和控制器的设计就是为了在必要时立即触发操作。这些数据可以用于更好地理解产品质量和组件的潜在故障，实现自动请求服务，提供与环境因素有关的信息，有助于更好的能源管理，并为数以百计的其他潜在应用程序提供数据。

（4）智慧城市　新型智慧城市建设包括智慧应急、智慧安监、智慧园区、智慧市政、智慧消防、智慧环保、智慧交通、智慧旅游、智慧医疗、智慧物流、智慧社区、智慧教育等。第二届世界互联网大会"互联网之光"博览会上，展示了"新型智慧城市"建设的四个重点，即物联网开放体系架构、城市开放信息平台、城市运行指挥中心、网络空间安全体系。具有自主知识产权的物联网开放体系架构方案，以物体命名解析系统（TNS）和物联港为核心的物联网基础设施，掌握着网络发展和网络空间安全的主导、主动和主控权。

（5）城市开放信息平台　以"平台＋大数据"为策略，提供城市资源大数据通用服务平台，致力于实现数据共融共享，消除信息孤岛，保障数据安全，提高大数据应用水平。

（6）城市运行指挥中心　全面透彻感知城市运转，接入社会及网络数据，实现跨部门的协调联动，提升对突发事件的应急处置效率。

（7）网络空间安全体系　是涵盖"城市基础设施安全、城市数据中心安全、城市虚拟社会安全"的安全体系。具体详见本系列丛书第八分册《全过程工程咨询运维阶段》。

5.1.3 运营维护要点

(1)确定运营维护管理目标 需要把握建设单位综合满意度、主要设施设备完好率、运营维护财务综合评价、重大责任事故等几个主要维护要点。

(2)运营维护阶段 BIM 应用 运营阶段是占建筑全生命周期中时间最长的阶段,BIM 技术的运营管理增加管理的直观性、空间性和集成度,有效帮助管理建筑设施和资产(建筑实体、空间、周围环境和设备等),进而降低运营成本,提高用户满意度。全过程工程咨询单位应根据项目特点考虑运营系统建设、建筑设备运行管理、空间管理和资产管理等。

(3)合同争议处理 当运营维护单位不履行合同义务或履行合同义务不符合合同约定时,不管其是否有过错责任,均应要求其承担继续履行、采取补救措施或者赔偿损失等责任,因不可抗力不能履行合同时,对不可抗力的影响部分(或者全部)免除责任,但法律另有规定的除外。运营维护单位延迟履行后发生不可抗力的,不能免除其责任。运营维护单位因第三方的原因造成违约的,全过程工程咨询单位应要求其承担违约责任。建设单位违约后,运营维护单位应当采取适当措施防止损失的扩大,否则其扩大的损失要求不予赔偿。发生争议时,应建议双方协商解决,并居中调解。协商不成的,建议双方通过法律途径解决。

(4)索赔处理 任何一方提出索赔必须有正当的索赔理由和充足的证据,全过程工程咨询单位应按照法律规定及合同约定处理索赔,认真、如实、合理、正确地计算索赔费用。

咨询单位收到索赔报告后,按合同约定时间完成审查并报建设单位。如果对索赔报告存在异议,应要求运营维护单位提交全部原始记录副本。建设单位处理后,咨询单位向运营维护单位出具经建设单位签认的索赔处理结果。运营维护单位接受索赔处理结果的,索赔款项按合同约定支付;运营维护单位不接受索赔处理结果的,按照合同争议约定处理。

(5)后合同义务的履行 咨询工程师在协助建设单位办理合同的权利义务终止后,应提醒建设单位并敦促运营维护单位。双方还负有后合同义务,应当遵循诚实信用原则履行通知、协助、保密等义务。

5.2 运营维护阶段的资产管理

5.2.1 资产管理服务内容

资产管理服务内容见表 5-2。

表 5-2 资产管理服务内容

流程编码	流程描述	责任人	流程内容
××/ZCGL××1	资产管理战略规划内容策划	总咨询师、运营管理小组	略
××/ZCGL××2	资产管理运维质量保修策划	运维管理咨询师、运营管理小组	略
××/ZCGL××3	资产管理运维成本收入策划	投资管控咨询师、运营管理小组	略
××/ZCGL××4	资产管理运维支出策划	投资管控咨询师、运营管理小组	略
××/ZCGL××5	资产管理财务长期预算编制	投资管控咨询师、运营管理小组	略
××/ZCGL××6	资产管理财务年度预算编制	投资管控咨询师、运营管理小组	略
……	……	……	……

（1）运维阶段的资产管理　主要为运维状态下的固定资产管理、无形资产管理、存货、工程物质、在建工程和应收账款管理，货币资金、金融资产以及长期股权投资、应收账款以外的其他应收、预付款项的管理。主要体现为运维阶段的财务管理，运维阶段的不动产成本管理、人力资源管理是运维阶段成本的主要组成。

（2）运维财务影响因素管理　在策划阶段，需要根据项目的特点、运维期长短，编制运维期长期财务预算，策划运维期财务预算的具体内容，策划运维期财务预算的编制程序及运维期财务计划影响因素。

5.2.2　资产管理要点

① 运维期资产管理战略的要点主要为如何进行长期财务预算制定，如何确定财务预算的具体内容，财务预算的编制程序、财务计划影响因素是否和项目相匹配。

② 策划运维期的资金的来源和资金的支出，预测、编制详细的现金流预算，进行标杆管理，分解预算，对特殊事项制订专项计划，和各责任部门签订预算协议，各运维部门在各自的权限内进行使用。

③ 在进行年度预算策划时，需对当年相关信息有十分详细和具体的管理事务了解及对标。项目进入运维期初始两年的主要业务需求和总体前景策划，均需要建立在翔实的调查和对标基础上，然后再持续策划下一年相同的工作，以保证预算策划的可实施性。

④ 进行运维期资产优化测算，分析自持比例，持有多少租售资产的投资组合最有利于业主。不动产的处理也应该纳入运维方案的策划考虑中。

⑤ 运维期能源策划也是资产管理策划的重要内容，是否需要长期节省能源成本，提高某些设备档次和费用，降低能源成本，不排除考虑更高的回报，考虑把部分节能项目外包出去，还可考虑更大外包比例，把降低人力成本支出和具备超额的商业成本利益作为主要的导向。

⑥ 运维期资产管理的难点在于资产优化，由于资产项目存在诸多相关因素，不可能每年都实施资产管理特别是不动产的优化。确定优化目标后，如何采用不同于以往的方式实现这个目标，也是一个很大的挑战。可以尝试新技术、新手段带来的颠覆和优化。

⑦ 运营阶段制订什么样的长期财务预算或年度预算计划比较合适，也是运维期策划的一个难点，需要咨询团队之间的内部交流，也应该同时保持一个开放的学习态度，形成一个强大的内部团队，广泛开展包括建设、项目管理和维护等业务的探讨，共同应对挑战，制订适合项目的年度财务计划、至少三年的长期计划。

第6章 全过程工程咨询风险管理策划

项目风险管理是指通过风险识别、风险分析和风险评价去认识项目的风险,亦即对已知的未知、未知的未知进行预判、管理和防控,也就是对潜在的意外或损失进行识别、衡量和分析,并在此基础上加以有效的控制,用最经济合理的方法处理风险,以实现最大安全保障的一种管理方法。

关系国计民生或对一定区域政治、经济、社会、文化、生态、环境等有着重要影响的重大投资项目会进行社会稳定风险评估。本章将社会风险评估基本原理、方法延伸应用到建设项目全生命周期质量、进度、投资、安全的风险管控,研究项目建设各阶段风险表单的编制、风险防控的措施和风险分配的方式。

6.1 项目风险管理

6.1.1 风险管理的方法和步骤

6.1.1.1 风险识别

风险识别即确认有可能会影响项目进展的风险,并记录每个风险所具有的特点,是风险管理的第一步,是风险管理的基础;是发现、辨认和表述风险的过程,是在风险事故发生之前,通过运用各种方法去系统、连续地认识所面临的各种风险以及分析风险事故发生的潜在原因,包括了解风险环境、分析风险特征、区分风险类别(如图6-1)。

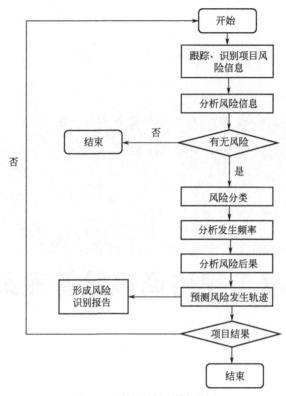

图 6-1 项目风险识别流程图

6.1.1.2 风险量化

即评估风险和风险之间的相互作用,以便评定项目可能产出结果的范围,也就是对风险进行分析,是系统地运用相关信息来确认风险来源,评估风险,包括发生的概率估计、损失程度(影响)估计,通过数理统计、概率论等风险衡量方法计算量化风险等级。

(1)风险发生概率分析 风险发生概率是各个风险隐性引发风险事件的可能性,一般采取 0~1 之间的数字 p 来标度,数值越小风险发生的可能性越低。在对建设工程项目风险进行概率分析时,应该结合行政法规、行业变化的趋势、社会因素、市场变化规律以及项目本身综合性评估(见表 6-1)。

表 6-1 风险发生概率评判参考标准

等级	定量评判标准	定性评判标准
很高	$1.0 \geqslant p > 0.8$	极有可能发生
较高	$0.8 \geqslant p > 0.6$	很有可能发生
中等	$0.6 \geqslant p > 0.4$	有可能发生
较低	$0.4 \geqslant p > 0.2$	发生的可能性较小
很低	$0.2 \geqslant p > 0$	发生的可能性很小

(2)风险影响程度评估 在社会风险评估中,风险影响是指风险一旦发生,对社会稳定造成负面影响的严重程度,一般用 0~1 之间的数字 q 来标度,数值越小表示严重程度越小,

反之越大（见表6-2）。

表6-2 风险影响程度评判参考标准

等级	定量评判标准	定性评判标准
严重	$1.0 \geqslant q > 0.8$	在全国或更大范围内造成负面影响
较大	$0.8 \geqslant q > 0.6$	在省市范围内造成负面影响
中等	$0.6 \geqslant q > 0.4$	在当地造成负面影响，短期较难消除
较小	$0.4 \geqslant q > 0.2$	在当地造成负面影响，可短期消除
微小	$0.2 \geqslant q > 0$	在当地造成负面影响，宣传解释即可消除

注：在运用这个影响评价标准分析项目建设中风险因素时，可根据风险发生对项目本身的质量、进度、投资的影响程度来分析。

（3）风险程度　通过分析评估了解风险的发生概率、影响程度后，将两者组合（概率定量值 × 影响定量值）来评判风险的重要程度，分为重大（0.8以上）、较大（0.4～0.8）、一般（0.2～0.4）、较小（0.1～0.2）、微小（0.1以下）五个等级（见表6-3）。

表6-3 风险评估汇总表

序号	风险因素	风险发生概率	风险影响程度	风险程度
1	风险因素1	中等（0.5）	较大（0.7）	一般（0.35）
2	风险因素2	较高（0.7）	较大（0.7）	较大（0.49）
3	风险因素3	中等（0.5）	中等（0.5）	一般（0.25）
……	……	……	……	……

在建设项目策划管理中，运用以上分析得出的风险程度数据，形成风险管理表单，为分析对策研究工作和后期风险管控方向提供决策依据，并将较大、重大风险作为风险对策研究的核心与重点。

6.1.1.3　风险对策研究

风险对策研究是确定对机会进行选择及对危险做出应对的步骤，也就是风险决策的过程；是根据风险估计结果对风险进行分析，确定该风险是可承受还是需要进行处理。决策应采用风险回避、风险控制、风险转移、风险自担或风险利用等措施中的一种或几种，来合理地分配和控制风险，将风险降低到最低程度。

（1）风险回避　风险回避是彻底规避风险的一种做法，即断绝风险的来源。对投资项目决策分析与评价而言，就意味着提出推迟或否决项目的建议。

（2）风险控制　风险控制是针对可控性风险采取的防止风险发生、减少风险损失的对策，也是绝大部分项目应用的主要风险对策。风险控制措施必须针对项目具体情况提出，既可以是项目内部采取的技术措施、工程措施和管理措施等，也可以采取向外分散的方式来减少项目承担的风险。

（3）风险转移　风险转移是试图将项目业主可能面临的风险转移给他人承担，以避免风险损失的一种方法。转移风险有两种方式：

① 将风险源转移出去，风险源即可能会导致风险后果的因素或条件的来源。

②将部分或全部风险损失转移出去,又可细分为保险转移方式和非保险转移方式两种。保险转移是采取向保险公司投保的方式将项目风险损失转嫁给保险公司承担;非保险转移方式是项目前期工作采用较多的风险对策,它将风险损失全部或部分转移给技术转让方。

(4)风险自担 风险自担就是将风险损失留给项目业主自己承担,一般存在以下三种情况:

①已知有风险但由于可能获利而需要冒险时,必须保留和承担这种风险,例如资源开发项目和其他风险投资项目。

②已知有风险,但若采取某种风险措施,其费用支出会大于自担风险的损失时,常常主动自担风险。

③风险损失小,发生频率高的风险。

风险对策不是互斥的,实践中常常组合使用。在决策分析与评价中,应结合项目的实际情况,研究并选用相应的风险对策。

实施风险对策研究的目的就是将风险损失降到最低,因此承接上述风险评估的结论应延续到对策研究与结果整理(见表6-4)并及时反馈到投资决策、工程建设的各个方面,据此修改数据或调整方案,进行项目方案的再设计、再策划。在调整后的方案条件下,再次评估分析风险因素后果。

表6-4 风险因素对策分析汇总表

序号	风险因素	风险程度	风险后果分析	风险对策分析结论
1	风险因素1	……	……	……
2	风险因素2	……	……	……
3	风险因素3	……	……	……
……	……	……	……	……

6.1.1.4 风险对策实施

按照风险决策方案,监控风险发生、处理、消失的过程,包括执行风险管理方案、反馈信息、调整修正、效果评价。即跟踪已识别的风险,按风险控制对策实施风险控制,并分析记录实施过程消减风险的效果、出现的新风险因素,反馈后再次进行风险识别、评估,调整实施新的风险处置措施。这样循环往复,形成风险管理过程的动态性、闭环性(如图6-2)。

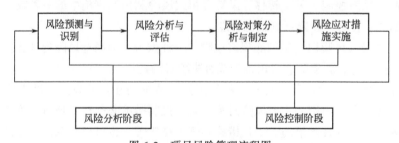

图6-2 项目风险管理流程图

6.1.2 建设项目风险管理目标

随着我国经济水平的发展,建筑行业在建设体量、建设要求上也在不断提高,数千万、数亿的大型、特大型项目越来越多，建设项目的投资额巨大、建设周期长、参建单位多、施工技术复杂、施工难度大，在对经济、技术、生态环境、国民经济和社会发展的影响上存在较多不确定性因素，在项目建设全生命周期的各个阶段、各个环节都存在风险管理的需求。

6.1.2.1 建设工程风险特点分析

（1）风险事件发生的概率大　建筑工程的风险因素多，风险事件发生的概率高。这些风险事件一旦发生会带来相当严重的后果。

（2）特别性　建筑工程由于类型独特，决定了其风险事件各有不同之处。即使是同类型的工程，由于各方面的原因也有很大的差别，如施工场地狭窄、施工单位的管理水平及工人素质的差异，其工程的风险也是不同的。所以，建设工程的风险具有特别性。

（3）烦琐复杂性　建设工程的风险事件多，其相互关联、关系复杂又互相影响，决定了建设工程风险的烦琐复杂性，无形中也增加了建设工程风险识别的难度。

（4）各方风险不同　建设工程参建各方均存在一定的工程风险，但各方的风险不尽相同。

6.1.2.2 建设工程风险管理的目标

① 合理控制投资成本，使决算投资不超过概算投资，实现项目投资效益目标。
② 减少环节或内部对项目的干扰，保证项目按计划实施，实际工期不超过计划工期。
③ 实际质量满足合同要求质量。
④ 建设过程无重大安全事故。

建设工程风险涉及投资风险、进度风险、质量风险和安全风险，有时它们是相互关联、互起作用的。从风险产生的原因考虑，将建设项目的风险因素分为自然风险、社会风险、政治风险、经济风险、技术风险五大类，运用分析识别、风险评估、风险对策研究和对策实施动态、闭环风险管控方法，建立合理可行的风险管控措施和管理架构，实现项目增值目标（如图6-3）。

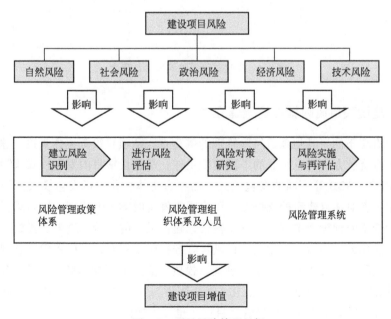

图6-3　项目风险管理目标

6.2 建设项目风险管控内容及措施

6.2.1 参建单位在风险管控中的参与程度

建设项目因其建设周期持续时间长、参建单位多，所涉及的风险因素多，风险发生时影响面广，但影响程度不同。政治、社会、经济、自然、技术等各方面的风险因素产生的风险事件都会不同程度地作用于建设项目，产生错综复杂的影响。其中，不乏有些风险因素和风险事件的发生概率很大，往往还造成比较严重的影响。

工程风险管理就是通过风险识别、风险分析与评估、风险决策以及通过多种管理方法、技术手段对项目涉及的工程风险进行有效的控制，是贯穿建设项目全生命周期的、系统的、完整的过程，需要建设单位、全过程工程咨询单位、施工单位等参加单位共同参与完成（如图6-4）。工程风险管理采取主动控制的方法，扩大风险事件造成的有利后果，减少风险事故造成的不利后果，以最少的成本保证安全、可靠地实现工程项目的总目标。

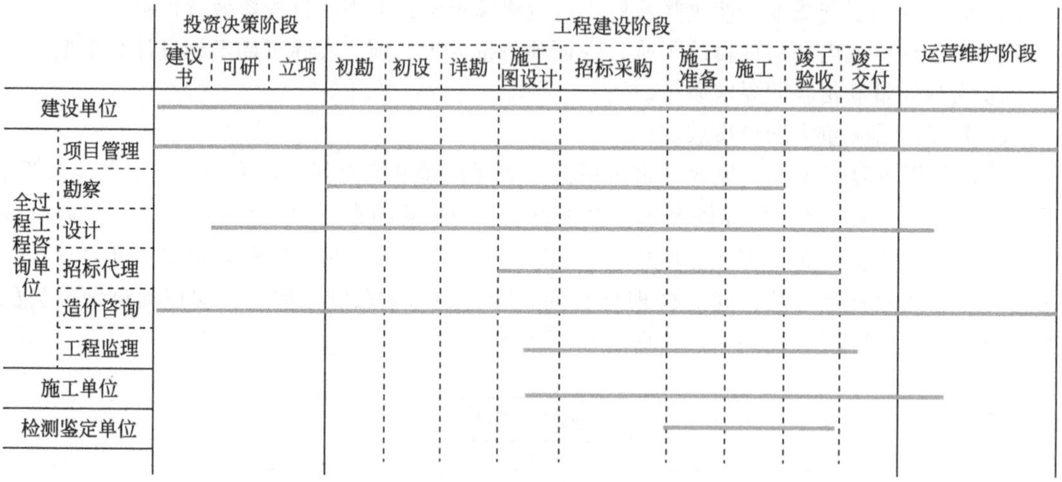

图 6-4 参建单位风险管理参与程度

6.2.2 建设项目风险管控框架建立

建设项目有着不同于其他项目风险管理的侧重点，从项目投资主体来说，建设项目有政府投资方、银行贷款方、国有企业的不同建设主体；从建设项目的发包模式来说，存在着具有代表性的 EPC、DBB 等不同的发包模式。因项目主体变化、承发包模式变化，项目建设过程中利益相关者对项目建设的支持度、风险因素发生时的影响程度、风险承受能力不尽相同。然而，无论是何种投资主体、承发包模式，建设项目的质量、进度、投资、安全管控目标方向是不会变化的。因而，在建设项目风险管控框架策划时，可以将程序合规性风险管理单列，其他以风险因素发生时对质量、进度、投资、安全的影响为脉络，从法律法规（政治因素）、政策规范（社会因素）、市场变化（经济因素）、不可抗力（自然因素）和技术因素来考虑，更加直观、更加贴近建设项目管控目标，也便于操作。

因风险管理覆盖建设项目全生命周期，其本身所覆盖的内容较多，规模较小、业态单一的建设项目可以将全生命周期全目标的风险管控编制在一张表单中（见表6-5），利于分析各阶段、各风险因素的相互影响性、关联性，有利于风险管理效果。但对于大型综合群体建筑来说，更要考虑分解管理，但应注意：

① 以建设项目的阶段来划分风险管控界面，要重点考虑风险因素发生时的纵向影响幅度。也就是说，在本阶段的新增风险因素必须考虑风险影响是否辐射到下一阶段。本阶段非新增风险因素，首先必须关注该风险在上阶段的影响和风险对策实施情况，判断是否需要进行风险再评估和风险对策调整；其次，同样要考虑风险因素在下一阶段的影响力度。这样才能形成一个完整的风险管理链条。

如投资线上的风险管控，在项目决策阶段的投资估算中，若不考虑人为原因导致的风险因素，影响投资估算的风险因素会有政策性变化导致决策方案调整、市场因素导致投资估算变化等。对这两个风险因素评估，市场因素风险发生概率较大，在投资估算中也会考虑正常市场变化下的影响程度和应对措施。到工程建设期概算或预算控制阶段，若遇到不可预测的市场变化情况，原有的风险对策已经不能最大限度地消除风险带来的负面影响了，这种状态下就应该重新评估市场风险因素，调整风险对策，同时预判市场风险应对措施在施工期的可执行力度。

② 以建设项目的管控目标来划分风险控制界面，则应该考虑风险发生时的横向影响幅度。结合以上纵向影响分析，不难理解就是风险在质量、进度、投资、安全之间的相互影响。设计变更是项目质量风险管理中发生概率最大的风险因素，设计变更风险因素发生在质量管控上可能是往有利的方向发展。但可能在投资风险管控中往不利的方向发展。这种状态下进行风险对策分析时，必须同时兼顾两方面的风险影响，权衡轻重，先确定项目风险管理的主线再拟订分析应对的措施。同时在实施中必须动态监管，及时评估风险影响、纠正偏差、调整风险应对措施。

表6-5 建设项目风险管控框架表

风险因素		风险识别				风险重要程度	风险对策	风险分配方案			风险对策实施	
		质量风险	进度风险	投资风险	安全风险			发包方	咨询方	承包方	实施情况记录	对策调整建议
政治因素	项目决策阶段											
	工程建设阶段	勘察设计											
		招标采购											
		施工建造											
		竣工验收											
	项目运营阶段											

续表

风险因素	风险识别				风险重要程度	风险对策	风险分配方案			风险对策实施	
	质量风险	进度风险	投资风险	安全风险			发包方	咨询方	承包方	实施情况记录	对策调整建议
社会因素	……										
	……										
经济因素	……										
	……										
……	……										
	……										

6.2.3 各阶段风险管理关注重点

6.2.3.1 投资决策阶段

投资决策阶段包含投资机会分析、工程建设前期决策分析、项目建议书、项目可行性研究报告及立项审查，是建设项目的性质、用途、基本内容、建设规模、建设水准、总体功能及构成等总体性目标决策的阶段，是建设工程的基础阶段，是项目顺利进行的重要保证。在投资决策阶段，风险管理的关注重点如下：

① 对项目投资及工期预估不合理；

② 建设单位决策不科学，论证不完善，造成投资计划和建设方案问题频出；

③ 建设周期及顺序违背自然规律，前期工作不充分；

④ 建设单位自行编制项目建议书，缺乏专业团队，投资匡算偏差大；

⑤ 决策变化导致重要环节返工；

⑥ 忽略建设场地选址前相关咨询工作的重要性与必要性；

⑦ 经审批后的可行性研究报告随意修改和变更；

⑧ "三超"项目；

⑨ 忽略工程设计方案编制方法与深度；

⑩ 违章建筑；

⑪ 对有利于项目建设的新技术接纳度不高；

⑫ 缺乏项目前期策划，投资指标水平与市场失衡，导致投资失败；

⑬ 不重视投资决策阶段的投资估算，如：投资估算误差大，不满足项目决策需要；人为因素造成投资估算不真实；缺乏前期投资估算计价依据；

⑭ 建设项目经济评价与现实不符；

⑮ 建设项目用地合规性；

⑯ 投资决策期项目建议书、可研报告等合规报批。

6.2.3.2 工程建设阶段

工程建设阶段包含了勘察设计、招标采购、工程施工及竣工验收多个子阶段，是项目建设重要实施阶段，是投资方需求的体现和落地阶段。该阶段涉及的专业任务多、参建单位多，站在不同的立场、不同的需求、不同的观点上，是索赔风险的高发阶段。全过程工程咨询服务作为总管控者，对内、对外应关注以下风险：

① 勘察设计成果文件存在质量问题，导致变更、索赔；
② 施工图设计文件审查发现问题，延误进度；
③ 随意压缩勘察设计合理的工作时限，造成的设计质量事故；
④ 对勘察设计文件管控力度不够，导致设计任务书存在缺陷，引发索赔；
⑤ 设计文件未能真实地满足建设单位的需求；
⑥ 未经勘察设计同意，擅自修改勘察设计成果文件；
⑦ 勘察设计专业未参加工程质量事故分析，或对勘察设计质量事故未及时给予处理措施；
⑧ 设计方案品质超投资估算，未进行设计方案比选、设计优化，造成成本增加；
⑨ 未进行限额设计或限额设计指标确定不合理；
⑩ 市场调研不充分，技术标准确定不合理；
⑪ 建设单位对该阶段投资控制不重视，造成投资失控；
⑫ 风险防控措施与前期拟订的风险应对措施不匹配；
⑬ 建设工程规划许可、施工许可、销售许可等办理不及时导致的索赔等；
⑭ 建设单位急于使用、提前使用导致索赔事项。

6.2.3.3 项目运维阶段

项目运维阶段是投资方完成项目建设，实现投资回报、实现社会效益的阶段。运维阶段在项目建设全生命周期中是一个相对独立的阶段，同时对于项目全生命周期成本而言，占据着较大比重的维护维修费用。在项目前期则应该关注以下风险控制点：

① 交付标准与交付实体的一致性；
② 市场变化、时间差异对决策阶段的运维目标导致的影响；
③ 重大设备试运行、交付不充分导致的影响。

第7章 全过程工程咨询服务常用分析方法

全过程工程咨询不是简单的分阶段、碎片化的咨询服务的叠加，而是由一个以项目最终运营为目标的各类专业人员的集合体，通过统一筹划、分工实施、协调管理、沟通融合来提供综合性的专业咨询服务。全过程工程咨询的核心要素是组织、协调、集成、管理，最终达到 1+1>2 的作用和效果。

全过程工程咨询服务方法是在为了达到一定的服务目标和最终结果的实践过程中，为观察事物和处理问题所采取的办法和手段。全过程工程咨询方法很多，本章主要对常用的几种方法进行介绍，包括系统分析法、对比分析法、综合评价法、逻辑框架法等。

7.1 系统分析法

7.1.1 系统分析的概念

系统分析就是对系统进行定性分析和定量分析、评价与综合，以便加深认识，查明系统同环境的相互关系、相互影响与作用，以及动态深化过程。从整体上把握系统的功能、行为与演变趋势，实现或改进系统的功能或行为，提出达到目的、实现目标、满足要求的多种可行方案或策略，供决策者选择。

"系统分析法"至少有两种含义。一是在分析问题时，应将其视为系统。在这个情况下，"系统分析法"与"系统分析"同义。二是系统分析使用的某些方法。

系统分析是众多现代咨询方法的基础方法。系统分析蕴含的世界观和方法论有助于总咨询人员避免片面孤立地思考或判断问题。

系统分析是咨询研究的最基本的方法，我们可以把一个复杂的咨询项目看作系统工程，通过系统目标分析、系统要素分析、系统环境分析、系统资源分析和系统管理分析，可以准确地诊断问题，深刻地揭示问题起因，有效地提出解决方案和满足客户的需求。

在项目决策之前，要对项目进行充分的系统分析，如明确项目的目标和价值准则，提出可行性研究方案或其备选的方案，并对照一定的标准，帮助委托人在复杂的环境中正确地选择。

7.1.2 系统分析法的步骤

系统分析法的具体步骤包括：限定问题、确定目标、调查研究和收集数据、提出备选方案和评价标准、备选方案评估、提出最可行方案。

（1）限定问题　所谓问题，是现实情况与计划目标或理想状态之间的差距。系统分析的核心内容有两个：其一是进行"诊断"，即找出问题及其原因；其二是"开处方"，即提出解决问题的最可行方案。所谓限定问题，就是要明确问题的本质或特性、问题存在范围和影响程度、问题产生的时间和环境、问题的症状和原因等。限定问题是系统分析中关键的一步，因为如果"诊断"出错，以后开的"处方"就不可能对症下药。在限定问题时，要注意区别症状和问题，探讨问题原因不能先入为主，同时要判别哪些是局部问题，哪些是整体问题，问题的最后确定应该在调查研究之后。

（2）确定目标　系统分析目标应该根据客户的要求和对需要解决问题的理解加以确定，如有可能应尽量通过指标表示，以便进行定量分析。对不能定量描述的目标也应该尽量用文字说明清楚，以便进行定性分析和评价系统分析的成效。

（3）调查研究和收集数据　调查研究和收集数据应该围绕问题起因进行，一方面要验证限定问题阶段形成的假设，另一方面要探讨产生问题的根本原因，为下一步提出解决问题的备选方案做准备。

调查研究常用的方式有四种，即阅读文件资料、访谈、观察和调查。

收集的数据和信息包括事实、见解和态度。要对数据和信息去伪存真，交叉核实，保证真实性和准确性。

（4）提出备选方案和评价标准　通过深入调查研究，使真正有待解决的问题得以最终确定，使产生问题的主要原因得到明确，在此基础上就可以有针对性地提出解决问题的备选方案。备选方案是解决问题和达到咨询目标可供选择的建议或设计，应提出两种以上的备选方案，以便提供进一步评估和筛选。为了对备选方案进行评估，要根据问题的性质和客户具备的条件，提出约束条件或评价标准，供下一步应用。

（5）备选方案评估　根据上述约束条件或评价标准，对解决问题备选方案进行评估。评估应该是综合性的，不仅要考虑技术因素，也要考虑社会经济等因素。评估小组的成员应该有一定代表性，除咨询项目组成员外，也要吸收客户组织的代表参加，根据评估结果确定最可行方案。

（6）提出最可行方案　最可行方案并不一定是最佳方案，它是在约束条件之内，根据评价标准筛选出的最现实可行的方案。如果客户满意，则系统分析达到目标。如果客户不满意，则要与客户协商调整约束条件或评价标准，甚至重新限定问题，开始新一轮系统分析，直到客户满意为止。

7.2 对比分析法

对比是把两个相反、相对的事物或同一事物相反、相对的两个方面放在一起，用比较的方法加以描述或说明，也叫对照或比较。文学中运用对比，能把好同坏、善同恶、美同丑这样的对立揭示出来，给人们以深刻的印象和启示。

对比分析法也叫比较分析法，是通过实际数与基数的对比来提示实际数与基数之间的差异，借以了解经济活动的成绩和问题的一种分析方法。

对比分析法在全过程工程咨询的各个阶段运用最为普遍，比如在前期决策阶段建与不建进行对比，在这里建与在那里建进行对比；在方案设计阶段，存在多方案对比，价值最优对比；招标阶段择优选择中标人，选择 A 与选择 B 的对比；施工阶段变更对比，是否变更对比，变更方案之间的对比，变更方案费用对比；竣工结算阶段，审核金额与送审金额对比，审核报告里的审核明细对比；运维阶段经济最优对比，现金流对比，等等。

7.2.1 对比分析法在各阶段运用

全过程工程咨询常用的对比分析法主要有以下几种类别：前后对比与有无对比、横向对比、规制对比、标准对比、方案比选。

7.2.1.1 决策阶段的对比分析法运用

在前期决策阶段，通过对比分析法，识别并计算项目及建成后的费用和收益，并将其与无此项目时的情况作对比。将其差值视为投资该项目的资金带来的净收益增量，也可能是关乎民生大计方面的显著变化，不一定跟经济直接相关。这种方法是对比"有"与"无"的差别。

7.2.1.2 方案阶段的对比分析法运用

方案比选是设计阶段选择最优方案的最常用工程咨询方法，所有拟建项目在方案设计阶段都应该提出一个到几个或若干个可行方案供业主选择。包括场地平面布置、平面之间关系、外立面效果、室外管网景观布局、工艺技术、投资效益、融资成本、后期建设风险等方案，经过多方案评审，最终选出最佳方案。

7.2.1.3 招投标阶段的对比分析法运用

对比分析法贯穿招投标阶段的全过程，从资格预审开始，投标报价分析、清标分析、定标分析都运用了对比分析法。

① 总价及各个分部造价的汇总对比。
② 主要分项及主要单价的汇总对比。
③ 主要措施费项目和其他项目报价的汇总对比。
④ 招标文件所要求的其他要素的汇总分析。
⑤ 计算误差分析。
⑥ 商务报价与施工方案及技术措施的对应情况分析。

7.2.1.4 施工阶段的对比分析法运用

施工阶段的对比分析法主要是运用在变更对比、是否变更对比、变更方案之间的对比、变更方案费用对比、材料核价对比、材料品牌选择对比、选择不同品牌材料的效果对比、选择同种品牌不同供应商的价格对比、进度支付对比、本期进度支付与往期对比、本期支付与合同金额对比、本期支付与上期支付对比、本年度支付与上次支付比例及金额对比。

7.2.1.5 竣工结算阶段的对比分析法运用

竣工结算阶段的对比分析法主要用于审核金额与送审金额对比、审核报告里的审核明细对比、本次结算与往期同类项目经济指标对比。

在同一地区，如果单位工程的用途、结构和建造标准都一样，其工程造价应该基本相似。因此在总结分析结算资料的基础上，找出同类工程造价及工料消耗的规律性，整理出用途不同、结构形式不同、地区不同的工程单方造价指标、工料消耗指标。然后，根据这些指标对审核对象进行分析对比，从中找出不符合投资规律的分部分项工程，针对这些子目进行重点计算，找出其差异较大的原因。常用的分析方法有：

a. 单方造价指标法：通过对同类项目的每平方米造价的对比，可直接反映出造价的准确性；

b. 分部工程比例：基础、砖石、混凝土及钢筋混凝土、门窗、围护结构等占定额直接费的比例；

c. 专业投资比例：土建、给排水、采暖通风、电气照明等各专业占总造价的比例；

d. 工料消耗指标：对主要材料每平方米的耗用量的分析，如钢材、木材、水泥、砂、石、人工等主要工料的单方消耗指标。

通过以上对比分析法，可以较准确地审核项目结算造价，把项目结算控制在合理准确的范围内。

7.2.1.6 运维阶段的对比分析法运用

运维阶段是否运用 BIM 技术，是否运用互联网技术，运维是用自有团队还是外聘团队等都可以运用对比分析法加以分析，得出最佳运维方案。比如综合管廊工程，是否运用机器人进行检修，运用机器人检修的成本与不用机器人检修的成本之差额，运用机器人检查的安全因素对比、效率因素对比等。

7.2.2 前后对比与有无对比的比较

工程咨询人员在评价项目时，往往分不清有无对比与前后对比之间的差别，不能正确评价项目的真正贡献。以下以某工厂建设为例进行分析说明。

前后对比，就是比较同一事物（如某工厂）不同时间点的状态（如该厂更新改造前与更新改造后的产量）差异和变化。有无对比，就是对比上项目的投入产出与不上项目的投入产出之比。

有两种比较方法。一是先逐年比较"有项目"与"无项目"的产出，计算两者之差；再逐年比较"有项目"与"无项目"的投入，计算两者之差；然后再逐年将两者的产出差额同两者的投入差额比较。二是先逐年算出"有项目"与"无项目"各自的产出与投入差额，然后再比较两种情况下每年的净产出。

很明显，有无对比要在项目实施与项目建成的设施投入运营后的每一个时点上，与无项目情况下可能会有状态的对比。

"有项目"与"无项目"的每年产出之差与投入之差，分别叫作"产出增量"和"投入增量",或者叫作"边际产出"和"边际投入"。

从微观经济学的角度看,有无对比是一种离散型边际分析,边际分析是微观经济学非常重要的基本方法。按边际分析差别准则,当边际产出不小于边际投入时,"有项目"才是合理的。

7.3 综合评价法

综合评价是指运用多个指标对参评对象不同方面进行评价,然后按照分类、排序或综合各单方面评价结论,得出整体结论。综合评价是多因素评价,更重视将各单因素评价及结果综合成整体。

综合评价法的基本思想是将多个指标转化为一个能够反映综合情况的指标来进行评价。

7.3.1 综合评价法种类

现代综合评价方法包括主成分分析法、数据包络分析法、模糊评价法等。

(1) 主成分分析法 主成分分析是多元统计分析的一个分支。它是将其分量相关的原随机向量,借助于一个正交变换,转化成其分量不相关的新随机向量,并以方差作为信息量的测度,对新随机向量进行降维处理。再通过构造适当的价值函数,进一步做系统转化。

(2) 数据包络分析法 它是创建人以其名字命名的 DEA 模型 –CR 模型。DEA 法不仅可对同一类型各决策单元的相对有效性做出评价与排序,而且还可进一步分析各决策单元非 DEA 有效的原因及其改进方向,从而为决策者提供重要的管理决策信息。

(3) 模糊评价法 模糊评价法奠基于模糊数学。它不仅可对评价对象按综合分值的大小进行评价和排序,而且还可根据模糊评价集上的值,按最大隶属度原则去评定对象的等级。

7.3.2 综合评价法特点

综合评价法的特点表现为:

① 评价过程不是逐个指标顺次完成的,而是通过一些特殊方法将多个指标的评价同时完成。

② 在综合评价过程中,一般要根据指标的重要性进行加权处理。

③ 评价结果不再是具有具体含义的统计指标,而是以指数或分值表示参评单位"综合状况"的排序。

7.3.3 综合评价法要素

构成综合评价的要素主要有:

(1) 评价者 评价者可以是某个人或某团体。评价目的的给定、评价指标的建立、评价模型的选择、权重系数的确定都与评价者有关。因此,评价者在评价过程中的作用是不可轻视的。

(2) 被评价对象 随着综合评价技术理论的开展与实践活动,评价的领域也从最初的各行各业经济统计综合评价拓展到后来的技术水平、生活质量、小康水平、社会发展、环境质量、竞争能力、综合国力、绩效考评等方面。这些都能构成被评价对象。

(3) 评价指标　评价指标体系是从多个视角和层次反映特定评价客体数量规模与数量水平的。它是一个"具体—抽象—具体"的辩证逻辑思维过程，是人们对现象总体数量特征的认识逐步深化、求精、完善、系统化的过程。

(4) 权重系数　相对于某种评价目的来说，评价指标的相对重要性是不同的。权重系数确定的合理与否，关系到综合评价结果的可信程度。

(5) 综合评价模型　所谓多指标综合评价，就是指通过一定的数学模型将多个评价指标值"合成"为一个整体性的综合评价值。

7.3.4　综合评价法步骤

① 确定综合评价指标体系，这是综合评价的基础和依据。
② 收集数据，并对不同计量单位的指标数据进行同度量处理。
③ 确定指标体系中各指标的权重，以保证评价的科学性。
④ 对经过处理的指标进行汇总，计算出综合评价指数或综合评价分值。
⑤ 根据评价指数或分值对参评单位进行排序，并由此得出结论。

7.3.5　综合评价法常用方法

综合评价的方法有许多，亦有定性与定量之分。

(1) 定性评价　当评价对象某些方面难以计量或缺乏数据时，常需要借助有经验、专业的人士帮助，给予合理、满足要求的评价；亦可用专家打分法、层次分析法（AHP）等。

(2) 定量评价　当评价对象可计量且有数据可用时，便可利用模型算出评价对象的某些数量指标、参数，并按预算的准则，将评价对象分类、排序，进行整体评价。

综合评价，经常将定性与定量评价结合起来，互相补充、结合，使评价结果合理，合乎要求。综合评价法中有的用于确定加权系数，如 AHP；有的不经过单因素评价，直接给出综合评价结果，如 DEA、多目标线性规划等；还有的方法将多目标评价化为单目标评价，例如目标规划、逼近于理想的排序法（TOPSIS）等。将综合评价化为单目标评价，常用各种衡量差异大小的尺度，例如欧式空间距离、闵可夫斯基空间距离、经济学中的效用函数等进行处理，然后再按多元函数极值问题求解。

7.3.6　综合评价法在招投标中的运用

在建设工程招投标中，目前常采用两种招标的评分办法：最低价中标法和综合评分法。很显然，采用最低价中标法的结果很难让人满意，给后期施工索赔、结算纠纷留下了很大空间。而综合评价法能有效解决这一问题。

综合评价法是当评价指标无法统一的量纲进行分析时采用的一种评分办法。它是按照不同指标的评标标准对各评价指标进行评分，然后采用加权相加，求得总分。其中商务标所占的比重一般约 60%~70%，技术标所占的比重一般约为 30%~40%。

综合评分法制定的顺序如图 7-1 所示。

技术标评审内容包括：对招标项目的认识，对关键施工技术、工艺、工程项目的重点难点分析，对人力保障、资金保障、组织保障、企业综合业绩、类似项目业绩、获奖情况等进行阐述。

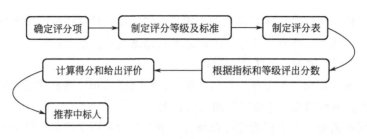

图 7-1 综合评分法制定顺序

商务标评审内容包括：一是要选定标底价（或以所有报价的平均值为基准价，或以去掉最高价和最低价以后的平均价为基准价）；二是以最低价为基准价，投标报价每高于合理基准价 1% 的扣 2 分，以此类推，不足 1% 用内插法计算。由此计算出商务标得分。

由此看出，在综合评价法中，不仅注重企业的投标报价，更加注重业绩、信誉、奖项、组织保障、财务保障等，使工程更加保证质量、工期、安全，减少索赔风险，降低实际结算费用。

7.4 逻辑框架法

7.4.1 逻辑框架法的概念

逻辑框架法（LFA）是由美国国际开发署（USAID）在 1970 年开发并使用的一种设计、计划和评价的方法。目前有三分之二的国际组织把它作为援助项目的计划、管理和评价方法。

逻辑框架法是用框架表达问题与结论，以便系统而合逻辑地表明项目的目标层次及其之间的关系，分析、建立、监测项目的影响因素。逻辑框架法广泛应用于全过程工程咨询项目的前期决策阶段、规划设计阶段，实施过程用于监督与评价。

7.4.2 逻辑框架法矩阵

逻辑框架法从确定待解决的核心问题入手，向上逐级展开，得到其影响及后果，向下逐层推演，找出引起问题的原因，得到所谓的"问题树"。将问题树进行转换，即将问题树描述的因果关系转换为相应的手段——目标关系，得到所谓的"目标树"。目标树得到之后，进一步的工作要通过"规划矩阵"来完成。

逻辑框架的基本结构是一个 4×4 的矩阵，用来表示逻辑框架分析的结果。矩阵自下而上的四行分别代表项目的投入、产出、目的和目标四个层次；自左而右四列则分别为各层次目标文字叙述、定量化指标、指标的验证方法和实现该目标的必要外部条件。目标树对应于规划矩阵的第一列，进一步分析填满其他列后，可以使分析者对项目的全貌有一个非常清晰的认识。

逻辑框架法依赖于假设，但假设是逻辑框架法的薄弱环节，因为假设的条件是不可控制的。

逻辑框架矩阵的基本结构见表 7-1。

表 7-1　逻辑框架矩阵的基本结构

层次纲要	客观验证指标	验证方法	假定外部条件
目标/影响	目标指标	监测和监督手段及方法	实现目标的主要条件
目的/作用	目的指标	监测和监督手段及方法	实现目的的主要条件
产出/结果	产出物定量指标	监测和监督手段及方法	实现产出的主要条件
投入/措施	投入物定量指标	监测和监督手段及方法	落实投入的主要条件

7.4.3　逻辑框架法在项目各阶段的应用

逻辑框架法可用于项目的多个阶段：在项目的识别阶段，主要用于判别项目是否与国家、地区或行业发展战略相适应；在项目可行性研究与评估阶段，主要用于编制具有适宜目标、可度量的结果、风险管理策略和明确管理责任的项目计划；在项目实施阶段，用作合同管理、运行各阶段工作计划与监督的工具；在项目后评价与竣工结算阶段，用作监督、回顾和评价项目的手段与工具。

7.4.4　逻辑框架法的目标层次

逻辑框架汇总了项目实施活动的全部要素，并按宏观目标、具体目标、产出成果和投入的层次归纳了投资项目的目标及其因果关系。

（1）宏观目标　项目的宏观目标即宏观计划、规划、政策和方针等所指向的目标，该目标可通过几个方面的因素来实现。宏观目标一般超越了项目的范畴，是指国家、地区、部门或投资组织的整体目标。这个层次目标的确定和指标的选择一般由国家或行业部门选定，一般要与国家发展目标相联系，并符合国家产业政策、行业规划等的要求。

（2）具体目标　具体目标也叫直接目标，是指项目的直接效果，是项目立项的重要依据，一般应考虑项目为受益目标群体带来的效果，主要是社会和经济方面的成果和作用。这个层次的目标由项目实施机构和独立的评价机构来确定，目标的实现由项目本身的因素来确定。

（3）产出　这里的"产出"是指项目"干了些什么"，即项目的建设内容或投入的产出物。一般要提供可计量的直接结果，要直截了当地指出项目所完成的实际工程（如港口、铁路、输变电设施、气井、城市服务设施等），或改善机构制度、政策法规等。在分析中应注意，在产出中项目可能会提供的一些服务和就业机会，往往不是产出而是项目的目的或目标。

（4）投入和活动　该层次是指项目的实施过程及内容，主要包括资源和时间等的投入。

7.4.5　逻辑框架法的逻辑关系

逻辑框架在设计阶段应做到：项目初步目标清楚、明白，对项目内容与范围的描述清楚，目标清楚且可度量，各层次和最终目标之间的联系清楚，项目成功与否有测量尺度，项目主要内容、计划和设计时的主要假设、检查项目进度的办法、项目实施所用的资源等项目均有交代。

逻辑框架矩阵分为垂直逻辑关系和水平逻辑关系两种。

7.4.5.1 垂直逻辑关系

上述各层次的主要区别是，项目宏观目标的实现往往由多个项目的具体目标所构成，而一个具体目标的取得往往需要该项目完成多项具体的投入和产出活动。这样，四个层次的要素就自下而上构成了三个相互连接的逻辑关系。

第一级是如果保证一定的资源投入，并加以很好的管理，则预计有怎样的产出；第二级是如果项目的产出活动能够顺利进行，并确保外部条件能够落实，则预计能取得怎样的具体目标；第三级是项目的具体目标对整个地区乃至整个国家更高层次宏观目标的贡献关联性。这种逻辑关系在 LFA 中称为"垂直逻辑"，可用来阐述各层次的目标内容及其上下层次间的因果关系。

7.4.5.2 水平逻辑关系

水平逻辑分析的目的是通过主要验证指标和验证方法来衡量一个项目的资源和成果。与垂直逻辑中的每个层次目标对应，水平逻辑对各层次的结果加以具体说明，由验证指标、验证方法和重要的假设条件所构成，形成了 LFA 的 4×4 的逻辑框架。

在项目的水平逻辑关系中，还有一个重要的逻辑关系就是重要假设条件与不同目标层次之间的关系，主要内容是：

一旦前提条件得到满足，项目活动便可以开始；一旦项目活动开展，所需的重要假设也得到了保证，便应取得相应的产出成果；一旦这些产出成果实现，同水平的重要假设得到保证，便可以实现项目的直接目标；一旦项目的直接目标得到实现，同水平的重要假设得到保证，项目的直接目标便可以为项目的宏观目标做出应有的贡献。

对于一个理想的项目策划方案，以因果关系为核心，很容易推导出项目实施的必要条件和充分条件。项目不同目标层次间的因果关系可以推导出实现目标所需要的必要条件，这就是项目的内部逻辑关系。而充分条件则是各目标层次的外部条件，这是项目的外部逻辑。把项目的层次目标（必要条件）和项目的外部制约（充分条件）结合起来，就可以得出清晰的项目概念和设计思路。

总之，逻辑框架分析方法不仅仅是一个分析程序，更重要的是一种帮助思维的模式。通过明确的总体思维，把与项目运作相关的重要关系集中加以分析，以确定"谁"在为"谁"干"什么"，"什么时间""为什么"以及"怎么干"。虽然编制逻辑框架是一件比较困难和费时的工作，但是对于项目决策者、管理者和评价者来讲，可以事先明细项目应该达到的具体目标和实现的宏观目标，以及可以用来鉴别其成果的手段，对项目的成功计划和实施具有很大的帮助。

7.4.6 逻辑框架法在项目后评价中的运用分析

通过应用逻辑框架法来确立项目目标层次间的逻辑关系，用以分析项目的效率、效果、影响和可持续性。

① 项目的效率评价主要反映项目投入与产出的关系，即反映项目把投入转换为产出的程度，也反映项目管理的水平。

② 项目的效果评价主要反映项目的产出对项目目的和目标的贡献程度。

③ 项目的影响分析主要反映项目目的与最终目标间的关系，评价项目对当地社区的影

响和非项目因素对当地社区的影响。

④ 项目可持续性分析主要通过项目产出、效果、影响的关联性，找出影响项目持续发展的主要因素，并区别内在因素和外部条件，提出相应的措施和建议。

逻辑框架法可以帮助后评价人员理清项目建设过程中的因果关系、目标与手段关系、外部条件制约关系。当逻辑框架法的 4×4 矩阵各项内容都填满时，可使后评价人员对项目的全貌有一个清晰的认识，从而对后评价工作的顺利进行十分有益。

第8章 全过程工程咨询服务管理制度

全过程工程咨询是集成化的咨询服务，涉及范围广、专业团队多，同时在专业技术服务基础上提出了协同管理、技术集成的需求。不论是全过程工程咨询服务团队内部，还是服务团队与委托方、参建方，都必须有明确的作业界面、管理规程。全过程工程咨询管理服务制度体系建设是实现咨询服务制度化、规范化、流程化、标准化、科学化的基础条件；咨询服务管理制度可以防止咨询服务管理的随意性；咨询服务管理制度的应用可以提高企业在咨询行业的竞争力，统一参与各方的认知，达成共识，高效工作。

全过程工程咨询服务管理制度随服务对象、服务范围、项目特点的不同而有所不同，因此没有完整的通用版本，通常情况下是根据当地政策文件、业主单位管理制度、咨询服务范围及项目特点，有针对性地建立咨询服务管理制度体系。本章主要从制度体系建设的共性问题，如基本时间要求、体系框架及目的需求、核心内容等来阐述全过程工程咨询管理制度体系的建设。

8.1 全过程工程咨询制度建设要求

8.1.1 制度体系建设时间节点

建章立制是规范管理的源头，全过程工程咨询制度建设应在项目落地服务进场之前完成，并组织包含全过程工程咨询服务团队、委托单位、参建单位等在内的关键岗位人员进行交底宣贯；同时，制度建设不是一个单项静态动作，在一定阶段尤其是全咨服务进场前期是一个不断跟踪、评估、修正、再跟踪的动态管理和建设过程。

8.1.2 确立制度基本框架编制索引表

咨询服务管理制度建设首先是基本框架的确立，即按照委托服务内容、服务范围以及委托方的管理要求，确立全过程工程咨询服务管理制度的基本组成，一般会包含总制度（全过程工程咨询管理办法总则）、按板块或专业建立的细分制度（如设计管理办法、招投标管理办法、投资管理办法、安全管理制度、质量管理、投资管理制度等）。

全过程工程咨询服务管理制度体系所涉及的制度内容和表单多、涉及的全咨服务专业团队和委托方的管理职能部门多，为便于在咨询服务过程中查找、执行、实施和修订制度，完整保留制度建设过程的痕迹，应编制包括制度名称、制度编号、制度归属部门的名称、制度修订和运行版本、制度的关键内容和附件等的索引表或目录表。制度索引表内容和格式都没有固定的要求，一般由全过程工程咨询服务单位根据委托单位的要求和项目实际情况进行制定，制定表单只要便于查找即可。

（1）制度编号参考示例　为方便制度的归类与查找，应给予制度在公司或项目一个唯一的编号，如××××-XMGL-2018-003，×××× 代表公司或项目，XMGL 代表项目管理，2018 代表 2018 年，003 代表第 3 个制度。具体的编号规则应根据本公司的文件编制规定中的编号规则进行编号。

（2）制度归属部门参考示例　每个公司会有很多个部门及咨询项目管理部，故在制度编写时应标明制度所在的部门或咨询项目管理部。如×××××× 项目管理有限公司××××× 咨询项目管理部。

（3）制度名称参考示例　制度编制前应根据制度涉及的内容为制度撰写准确的制度名称，如"用印管理制度"。

（4）制度的运行版本记录　根据制度建设的必要性，对于刚刚编制完成的制度，往往未经实践的考验，或许还存在诸多的不足，运行时为试运行阶段，应在制度中标注为"（试行）"。在运行过程中，若制度运行正常，不存在瑕疵，或存在瑕疵但已经修订完善的制度应将"（试行）"去除。

8.1.3 制度跟踪记录与修订

全过程工程咨询服务制度体系是指导全咨服务开展、明确权责、理顺工作界面的重要依据之一，作为管理制度不容置疑地必须保持一定的固化性和效力性才能促成制度执行的威慑力。但因全过程工程咨询服务的委托方（业主方）、建设项目都具有个性化的特点，制度体系应在保持其严肃性、原则性不变的前提下，在全咨服务前期（建议总制度中明确修订时间节点）应对制定执行效果实施跟踪记录，分析存在问题的原因并组织讨论修订方案，修订方案按一定审批流程审核通过后进行制度的修订（图 8-1）。整个制度体系的建设过程应该是科学的、合理的、动态

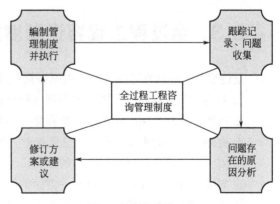

图 8-1　制度建设过程

的、有序的。

8.2　全过程工程咨询管理服务制度的编制

8.2.1　编制目的

全过程工程咨询服务机构应根据全过程工程咨询服务流程的特点，在满足合同和组织发展需求条件下，对全过程工程咨询服务制度进行总体策划，需要按照咨询服务管理制度执行，应在咨询合同签订后至咨询项目组织驻场服务前编制完成。应包括规定工作内容、工作范围、工作程序、工作方式的规章制度，规定工作职责、职权和利益的界定及其关系的责任制度。

8.2.2　编制流程

由总咨询工程师初步拟订该项目需编制的制度清单，并分配至专业咨询工程师进行编制。

总咨询工程师根据拟订的项目清单倒排编制计划，按照编制计划执行编制，进场服务后的一个月内根据现场实际情况进行补充编制，彻底完成咨询服务管理制度的编制，并将各个制度整理在一个文件中，形成制度汇编。

制度的内容至少应包括总则、适用范围、执行程序、职责、附则等基本内容，内容按照第一条、第二条、第三条直至最后一条进行连续逐条排序。

8.2.3　审批与发文

形成制度汇编后，使用前应进行审批，审批的流程可按照"编制人员—总咨询工程师—公司业务主管部门—分管副总经理"的流程进行审批。

咨询服务管理制度审批完毕，应将制度汇编、规范化样表汇编交由公司行政管理部门，通过红头文件形式发布制度并执行，同时将红头文件发送至各相关部门。

发文后统一执行的制度，若制度存在缺陷，应在缺陷发现后立即向总咨询工程师报告，经总咨询工程师同意后进行修编。微小的修编可直接进行修编并执行，若需重大修编或增编制度，应进行制度迭代。

8.3　全过程工程咨询制度重点内容示例

全过程工程咨询管理服务制度根据咨询服务管理，通常涵盖以下内容：
① 咨询服务合同约定编制的咨询服务制度；
② 需要实现制度化、规范化、流程化、标准化、科学化管理的咨询服务管理工作；
③ 咨询工作中的重要工作（如进度控制、质量控制、安全管理、投资控制等）；
④ 需工程各参与单位协同合作的工作；
⑤ 需要提高企业在咨询行业某一方面的竞争力时；
⑥ 政府相关行政主管部门有特殊要求，必须编制制度执行的。

8.3.1 安全管理制度

安全管理制度的基本目标是减少和控制危害,减少和控制事故,尽量避免生产过程中由于事故造成的人身伤害、财产损失、环境污染以及其他损失。创造良好和规范的安全文明施工环境,确保项目实施过程无重大安全责任事故,无工伤死亡、无交通死亡、无火灾事故、杜绝重伤事故。制度建立应坚持"安全第一、预防为主"的方针,制定项目安全管理制度,将安全生产责任层层落实到个人,做到层层执行、层层监督,保证项目安全管理体系正常有效地运作,确保工程施工安全无事故。项目安全管理制度包括如下内容。

8.3.1.1 安全生产管理制度

在项目工程实施过程中,安全生产的责任主体是施工单位,全过程工程咨询服务单位实施安全生产监督管理,其责任:

① 审查施工单位的安全生产保证体系与条件,对不具备安全生产条件的,不得发包工程。

② 对分包的工程,分包合同要明确安全责任。

③ 对各分包项目要做详细的安全交底,提出明确的安全指标要求,并认真监督检查。

④ 对违反安全规定冒险蛮干的施工单位,要勒令停产,对拒不停产的相关行为,要及时取证并上报上级主管部门。

⑤ 凡项目管理部产值中包括外包工程完成的产值的,项目管理部要统计上报施工单位的伤亡事故,并按承包合同的规定,处理施工单位的伤亡事故。

⑥ 编写安全应急预案,预案要明确处理方案和措施。

8.3.1.2 安全例会制度

① 建立每周一次的安全例会制度。项目监理公司的专业监理工程师及施工单位的项目经理将安全情况及时向项目管理部技术负责人汇报。施工单位的项目安全专职人员必须参加,若工序涉及安全隐患也要求相关班组人员参加。

② 例会要做到及时传达上级的文件和任务,进行安全工作的计划和布置,对安全检查中发现的事故隐患提出整改措施。

③ 安全例会要坚持"五同时",在计划、布置、检查、总结、评比生产工作的同时,也要同时计划、布置、检查、总结、评比安全工作。

④ 做好安全例会的记录及影像资料,并收集为安全档案资料。

8.3.1.3 安全检查制度

① 认真执行国家、省、市现行有关安全生产法律、法规、规章,进行安全生产检查。

② 施工安全检查根据《建筑施工安全检查标准》要求的内容,结合工程施工特点,确定检查项目表。新开工项目必须经安全检查评价合格后,才能进行施工。

③ 不同管理性质的单位,应根据行业规定拟订安全检查表。主要是检查安全生产管理制度、机械设备、劳动卫生防护设施、安全教育培训、伤亡事故的处理等。

④ 施工单位从事特种作业的人员上岗操作前,项目管理部专业工程师必须负责检查其资质,并做好记录。

⑤ 实行设施验收制度:脚手架和井架由施工单位组织有关部门进行验收,合格后才能使

用；施工生产设备、设施，使用前必须先进行安全检查及验收，在确认其性能良好的情况下才能使用，并按规定做定期维修保养、检查，做好记录。

⑥ 项目部每半月组织监理、施工单位管理人员及工序对应存在安全隐患的班组对项目进行安全检查。

⑦ 施工单位应设立现场安全巡检员，指定专人对项目（施工）现场进行日常的检查、抽查，发现隐患及时整改。

⑧ 安全检查内容根据《建筑施工安全检查标准》（JGJ 59—2011）执行，做好检查记录并归档。

⑨ 加强对事故隐患整改措施的落实工作。在安全检查中发现的事故隐患，要发出书面隐患整改通知并督促施工单位整改。未能按规范整改的，绝不允许进行施工，若拒不整改且强行进行生产行为的，项目管理部要及时取证并上报给上级主管部门。

8.3.1.4 安全教育培训制度

① 项目实施过程中，各单位要对职工进行经常性的安全思想、安全技术和遵章守纪教育，增强职工的安全意识和法制观念，定期研究职工安全教育中存在的问题。

② 定期举办安全技术知识讲座，充分利用黑板报、墙报、广播等宣传形式，开展对职工的安全教育。

③ 应定期开展安全活动。

④ 加强事故教育。施工单位在开展安全教育时，应结合典型事例和事故教训进行教育，宣传先进经验。

⑤ 加强项目管理部内各级人员的安全技术培训和考核工作。

⑥ 实行特种作业人员岗前培训制度，特种作业人员必须按《特种作业人员安全技术考核管理规则》的要求进行安全技术培训考核，取得特种作业证后，方可从事特种作业。

⑦ 项目管理部应督促施工单位对在工地注册的新工人实行三级教育，进行考核，并建立档案（职工安全教育卡），取得员工安全合格证后才能上岗。不合格者必须补课、补考。

⑧ 要对安全教育培训和考核情况建立档案，做好收集、整理、统计工作。

8.3.1.5 安全档案资料制度

项目管理部及施工单位项目部必须建立以下安全基础资料：

① 工程项目部的安全管理机构；

② 工程项目部的安全管理规定；

③ 安全教育、培训记录；

④ 安全技术资料（计划、措施、交底、验收，包括隐患整改）；

⑤《建筑施工安全检查标准》(JGJ 59—2011) 要求的十项安全检查记录；

⑥ 伤亡及事故档案；

⑦ 有关文件、会议记录；

⑧ 奖罚资料。

8.3.1.6 事故管理制度

在工程项目内施工现场发生伤亡事故，负伤人员或最先发现事故的人应立即报告安全领导小组。发生受伤人员歇工满一个工作日以上的事故，要填写伤亡事故登记表并应及时上报有关部门。

事故的调查处理按照下列步骤进行：
① 迅速抢救伤员并保护好事故现场；
② 组织调查组；
③ 现场勘察；
④ 分析事故原因，确定事故性质；
⑤ 根据对事故分析的原因，制定防止类似事故再次发生的措施；
⑥ 写出调查报告；
⑦ 事故的审理和结案。

8.3.2 质量管理制度

建设工程项目质量管理的目标，就是实现由项目决策所决定的项目质量目标，使项目的适用性、安全性、耐久性、可靠性、经济性及与环境的协调性等方面满足建设单位需要，并符合国家法律、行政法规和技术标准、规范的要求。项目的质量涵盖设计质量、材料质量、设备质量、施工质量和影响项目运行或运营的环境质量等，各项质量均应符合相关的技术规范和标准的规定，满足业主方的质量要求。

工程项目质量控制的任务就是对项目的建设、勘察、设计、施工、监理单位的工程质量行为，以及对涉及项目工程实体质量的设计质量、材料质量、设备质量、施工安装质量进行控制。

① 所有施工项目的质量检验批、分项工程、分部工程验收合格率均达到100%，单位（子单位）工程须一次性验收合格。

② 严格执行现行《建筑工程施工质量验收统一标准》（GB 50300—2013）及相关配套规范、强制性条文。各级管理人员均应树立"质量第一"的观念，在整个施工过程的各环节必须以高度的责任心和责任感按规定的技术标准、验收规范、操作规程和设计要求进行全面的控制、检查、监督；专职质检员应由责任心强、坚持原则、具有一定的技术水平和施工经验的持证人员担任。

③ 各承包人均应建立健全质量责任制、施工质量"三检制""样板制"及综合施工质量水平评定考核制度。

④ 所有施工项目应根据施工现场的实际情况及图纸认真编制切实可行的施工组织设计和专项技术方案（作业指导书）、质量计划。质量计划应体现从工序、分项工程、分部工程到单位工程的过程控制，成为对外质量保证和对内质量控制的依据。施工组织设计、专项技术方案、质量计划必须进行技术交底，并认真贯彻落实。

⑤ 所有进场材料、设备、半成品必须进行报验，出具出厂合格证、材质证明及相关的检测检验报告，凡涉及安全、功能的有关产品，应按各专业工程质量验收规范进行复检，并经专业监管工程师检查认可。

⑥ 每项施工完工后必须经承包人自检合格，填报验收记录和质量报验申请表，附齐全部质保资料，送监管和发包人审查验收，验收合格后方能进行下道工序的施工。上道工序未验收合格时下道工序不得施工。钢筋隐蔽验收经监理和发包人验收合格后，施工单位提出浇

筑申请，专业工程师签发浇筑令。

⑦严格隐蔽验收和见证取样、送样制度：隐蔽工程必须经监管工程师（及发包人技术负责人）认可，未办签证的不得隐蔽，未经监管工程师见证取样的试块、试件不予认可。

⑧严格进行施工现场的过程控制，对影响结构安全和使用功能的关键部位、特殊部位、薄弱环节，必须设置质量定检点并设专人进行现场旁站监控。

⑨质量通病、成品保护应按质量计划采取切实有效的预控、控制措施，严格检查、层层把关。

⑩总承包单位必须对分包单位进行质量控制，并对分包工程的质量负责，各分包单位应按相关标准、规范及规定做好质量控制管理工作，对分包的工程质量负责，服从、配合总承包单位的质量管理工作。

⑪在施工、检验过程上发现的不合格产品和过程应按规定进行鉴别、标识、记录、评价、隔离、处置；对于返修和返工后的产品，应按规定进行重新检验和试验；对于影响建筑主体结构安全和使用功能的不合格产品，应由承包人提出处理方案，经监理人、设计人、发包人确定后，严格按批准的方案进行处理，承包人不得擅自隐蔽；施工过程中发生的质量事故，必须按《建设工程质量管理条例》的有关规定进行处理。

⑫对承包人控制质量行为的要求与管理：

a.人员架构：承包人应配备一定数量的专业技术人员组成现场施工管理架构，如项目经理、技术负责人、土建工程师、电气工程师、给排水工程师、材料工程师、质量员、安全员以及各专业管理人员等，负责工程施工中的质量控制。（施工现场的管理人员应与投标时一致，如有更改必须得到发包人的同意，并有书面报告。）

b.工作流程：承包人应建立一套清晰明确的工作流程，负责工程施工过程中工程指令的传达与落实，特别是工程质量控制方面的工作，如技术交底、材料检验、工序交接验收、分部分项工程自检、竣工验收自检等。

c.施工配合：承包人（特别是总包单位）应全力配合发包人、监管人对工程施工顺序及质量的要求，配合协调与监控各专业分包的进度与质量，以及配合施工现场监理人对工程质量的控制与整改要求。

d.制度服从：承包人应清楚发包人和监管人制定的相关的工程质量控制方面的制度，并严格服从与执行，特别是施工交底、重要工序申请、材料管理、联合检查以及样板制度等。

⑬施工过程中发现图纸存在的问题，须及时与监管人、发包人、设计单位联系并协商处理，承包人和监管人不得任意修改设计，必须修改设计的应按规定办理变更手续。

⑭单位（子单位）工程竣工前十五天，应由承包人组织自检（包括现场实物和质保资料、验收资料），合格后报监管工程师进行初验，对初验提出的问题应限时逐项进行整改，整改结束后应以书面方式上报监管人、发包人，并积极配合监管、发包人做好单位（子单位）工程的竣工交验工作。

⑮施工过程的各个环节均应按相关规定收集、填报、检查验收资料及质量保证资料，并与工程进度同步，确保资料真实可靠；资料须及时进行整理、归档。

⑯施工质量应定期进行检查：

a.承包人应坚持月、周检查，监管人和发包人应制定定期的质量检查和安全检查制度；

对检查出的质量问题及隐患应按规定及时整改。

b.重视过程软件（资料）的编制和收集工作。建设工程全过程都要在资料中有所反映，并要求附有相关的图片和摄像资料。工程技术资料内容应真实、齐全、可靠，组卷分明，装订规范，编制及时，三级目录查找快捷方便，条理清晰，可追溯性强。

注意，承包人在施工过程中，达不到或违反以上规定，除按合同、规范、办法的有关规定进行处理外，现场按相关规定处理。

8.3.3 技术管理制度

技术管理是工程质量的重要环节和保证，也是建筑工程施工过程中工期控制、造价控制、安全施工目标控制的保障。为确保项目技术管理工作的顺利进行，技术管理制度的拟订应考虑以下方面：

① 监管人、承包人在收到施工图后，在发包人规定时间内，承包人应由项目技术负责人组织技术人员对施工图进行认真的审查、核对，承包人将审查情况以书面形式报监管人，监管人应将本单位审查的情况一并汇总后以书面形式报发包人。

② 发包人组织有关单位召开图纸会审会议，进行技术交底。图纸会审、技术交底会议由监管人的总监理工程师主持，承包人应据实写出会议纪要，报监管人、发包人审核后交与会议各方签字盖章，作为工程施工的重要依据。

③ 监管人、承包人应结合本单位施工经验对设计不合理部分进行优化（如采用新材料、新工艺），并以书面形式报发包人。

④ 施工组织设计：

a.承包人应根据施工现场的实际情况及图纸认真编制切实可行的施工组织设计和专项技术方案（作业指导书），编制的内容及深度应符合有关规范、标准的要求，由承包人的总工程师审核后于开工前20日内报监管人。

b.分包应根据施工现场的实际情况及图纸认真编制切实可行的施工组织设计和专项技术方案（作业指导书），编制的内容及深度应符合有关规范、标准的要求。编制完成并经分包单位技术负责人审核后，于开工前30日内报总包单位，总包单位项目技术负责人应对分包单位（含发包人分包）施工组织设计和专项技术方案审核，审核合格后，由总包单位（发包人分包的，由分包人报送）于开工前20日内报监管人。

c.监管人应由项目总监理工程师组织各专业工程师按规定对施工组织设计和专项技术方案（作业指导书）进行审查、审核；并将审核意见以书面形式连同施工组织设计和专项技术方案（作业指导书）于开工前15日内报发包人审批。所有方案必须经发包人书面审批后方可实施，对于监管人或发包人对承包人编制的施工方案提出的意见，必须按照要求及时完成报批工作。

d.施工组织设计和专项技术方案（作业指导书）的审核应注意以下几个方面：施工组织设计应针对本工程的特点，结合工程所在地域、施工季节进行设计，施工组织技术方案应经济、适用、安全、可行；施工组织设计须对施工过程中质量通病采取有效的防范措施；施工组织设计内容完整、文字精练，具有可操作性。

e.经审批的施工组织设计和专项技术方案（作业指导书）发承包人作为施工的重要依据，承包人项目经理、项目总工程师必须组织本项目各专业人员进行技术交底，并在施工过程中严格贯彻落实。

⑤ 日常施工过程中的技术管理

a. 施工过程中的变更修改：施工过程中发现图纸存在的问题，须及时与监管人、设计人、发包人联系并协商处理；承包人和监管人不得任意修改设计，必须修改设计的应按规定办理变更手续；所有设计变更，必须经发包人签字批准（包括图纸变更）后方可实施，否则，发包人有权对已实施的变更增加工程经济签证不予认可。

b. 施工中发生的质量问题，按质量管理办法处理。

c. 大力支持推广应用新技术、新材料、先进施工工艺和施工方法。

d. 进一步加强标准化技术管理、推行样板制管理。

e. 总包应对本工程分部、分项、子分项工程技术交底，监督及督促分包单位（含甲分包）技术交底，并对技术交底内容符合设计、施工规范、强条、标准要求的情况进行管理。在每项工程未施工前 2 日进行技术交底，监管人不定期抽查总包、分包单位技术交底实施情况，特别是专项技术方案的执行。

8.3.4 建设协调管理制度

管理机构应通过沟通、调解与管理工程项目建设直接有关的各方关系，使工程项目建设各方及其建设活动协调一致，以实现工程建设合同预定的目标。通过对项目建设单位、勘察单位、设计单位、承包商、材料和设备供应商，以及与政府有关部门、当地居民之间的协调，做好调和、联合和联结的工作，以使所有参建人员在实现工程项目总目标上做到步调一致，达到运行一体化。

8.3.4.1 项目内部人际关系的协调

① 在人员安排上要量才录用。对项目部各种人员，要根据每个人的专长进行安排，做到人尽其才。人员的搭配应注意能力互补和性格互补，人员配置应尽可能少而精，防止力不胜任和忙闲不均现象。

② 在工作委任上要职责分明。对项目部内的每一个岗位，都应订立明确的目标和岗位责任制，应通过职能清理，使管理职能不重不漏，做到事事有人管，人人有专责，同时明确岗位职权。

③ 在成绩评价上要实事求是。谁都希望自己的工作做出成绩，并得到肯定。但工作成绩的取得，不仅需要主观努力，而且需要一定的工作条件和相互配合。要发扬民主作风，实事求是评价，以免人员无功自傲或有功受屈，使每个人热爱自己的工作，并对工作充满信心和希望。

④ 在矛盾调解上要恰到好处。人员之间的矛盾总是存在的，一旦出现矛盾就应进行调解，要多听取项目监理机构成员的意见和建议，及时沟通，使人员始终处于团结、和谐、热情高涨的工作气氛之中。

8.3.4.2 内部组织关系的协调

① 在职能划分的基础上设置组织机构，根据工程对象及委托管理合同所规定的工作内容，确定职能划分，并相应设置配套的组织机构。

② 明确规定每个部门的目标、职责和权限，最好以规章制度的形式作出明文规定。

③ 事先约定各个部门在工作中的相互关系。在工程建设中许多工作是由多个部门共同完成的，其中有主办、牵头和协作、配合之分，事先约定，才不至于出现误事、脱节等贻误工作的现象。

④ 建立信息沟通制度，如采用工作例会、业务碰头会，发会议纪要、工作流程图或信息传递卡等方式来沟通信息，这样可使局部了解全局，服从并适应全局需要。

⑤ 及时消除工作中的矛盾或冲突，项目负责人应采用民主的作风，注意从心理学、行为科学的角度激励各个成员的工作积极性；采用公开的信息政策，让大家了解建设工程实施情况、遇到的问题或危机；经常性地指导工作，和成员一起商讨遇到的问题，多倾听大家的意见、建议，鼓励大家同舟共济。

8.3.4.3 内部需求关系的协调

① 对管理设备、材料的平衡。建设管理开始时，要做好管理规划的编写工作，提出合理的建设管理资源配置，要注意抓住期限上的及时性、规格上的明确性、数量上的准确性、质量上的规定性。

② 对项目管理人员的平衡。要抓住调节环节，注意各专业管理人员的配合。一个工程包括多个分部分项工程，复杂性和技术要求各不相同，这就存在管理人员配备、衔接和调度问题。

8.3.4.4 外部（近外层、远外层关系）协调

在预定的进度、质量目标内建成项目的关键主要是五个质量行为主体之间的良好合作，相互支持、相互配合（以下以 EPC 发包模式为例）：

（1）与建设单位的协调　项目建设管理单位的职责是接受项目建设单位的指令、指导和监督并对其负责，积极协调参建各方和建设项目所在地周边的关系，协助建设单位与政府相关管理部门及时联络、沟通，并办理相关管理手续。因此，项目管理人员必须与建设单位保持良好的沟通，积极地向建设单位汇报工作情况，让建设单位及时了解整个工程项目的进展，确保建设单位建设意图的实现。

① 项目管理人员首先要理解建设工程总目标、理解建设单位的意图。对于未能参加项目决策过程的项目管理人员，必须了解项目构思的基础、起因、出发点，否则可能对建设管理目标及完成任务有不完整的理解，会给其工作造成很大的困难。

② 利用工作之便做好建设管理宣传工作，增进建设单位对建设管理工作的理解，特别是对建设工程管理各方职责及监理程序的理解；主动帮助建设单位处理建设工程中的事务性工作，以自己规范化、标准化、制度化的工作去影响和促进双方工作的协调一致。

③ 尊重建设单位，让建设单位一起投入建设工程全过程。尽管有预定的目标，但建设工程实施必须执行建设单位的指令，使建设单位满意。对建设单位提出的某些不适当的要求，只要不属于原则问题，都可先执行，然后利用适当时机、采取适当方式加以说明或解释；对于原则性问题，可采取书面报告等方式说明原委，尽量避免发生误解，以使建设工程顺利实施。

（2）与 EPC 中设计单位的协调　在施工过程中，常会遇到设计单位对原设计存在的缺陷提出工程变更，项目管理人员在本项目合同期内，按建设单位与设计单位之间签订的设计合同在授权范围内积极与设计单位进行协调，使设计变更引起的价款变化最小，尽可能不影

响总的投资限额。既要满足工程项目的功能和使用要求,又要力求费用的增加不超过限定的投资额。因此,项目管理部必须协调与设计单位的工作,以加快工程进度,确保质量,降低消耗。

① 真诚尊重设计单位的意见,例如,组织设计单位向承包商介绍工程概况、设计意图、技术要求、施工难点等,把标准过高、设计遗漏、图纸差错等问题解决在施工之前;施工阶段,严格按图施工;结构工程验收、专业工程验收、竣工验收等工作,约请设计代表参加;如发生质量事故,认真听取设计单位的处理意见;等等。

② 施工中发现设计问题,应及时向设计单位提出,以免造成大的直接损失;若监理单位掌握比原设计更先进的新技术、新工艺、新材料、新结构、新设备时,可主动向设计单位推荐。为使设计单位有修改设计的余地而不影响施工进度,可与设计单位达成协议,限定一个期限,争取设计单位、承包商的理解和配合。

③ 注意信息传递的及时性和程序性。监理工程师联系单、设计单位申报表或设计变更通知单的传递,要按设计单位、项目管理单位、承包商之间的程序进行。

(3) 与EPC中施工承包商的协调　建设管理单位对质量、进度和投资的控制都是通过承包商的工作来实现的,所以做好与承包商的协调工作是建设管理组织协调工作的重要内容。项目建设管理人员与承包商的协调应坚持原则,实事求是,严格按规范、规程办事,讲究科学态度;应力求注意语言艺术的应用,感情交流和用权适度的问题。

① 与承包商项目经理关系的协调。从承包商项目经理及现场技术负责人的角度来说,他们最希望项目建设管理人员公正、通情达理并容易理解别人;希望从建设管理人员处得到明确而不是含糊的指示,并且能够对他们所询问的问题给予及时的答复。因此,建设管理人员应善于理解承包商项目经理的意见,工作方法要灵活。

② 进度问题的协调。由于影响进度的因素错综复杂,因而进度问题的协调工作也十分复杂。实践证明,有两项协调工作很有效:一是建设管理人员和承包商双方共同商定一级网络计划,并由双方主要负责人签字,作为工程施工合同的附件;二是设立提前竣工奖,按一级网络计划节点考核,分期支付阶段工期奖,如果整个工程最终不能保证工期,由建设单位从工程款中已付的阶段工期奖扣回并按合同规定予以罚款。

③ 质量问题的协调。在质量控制方面应实行管理工程师质量签字认可制度。对没有出厂证明及不符合使用要求的原材料、设备和构件,不准使用,但在建设工程实施过程中,设计变更或工程内容的增减是经常出现的,有些是合同签订时无法预料和明确规定的。对于这种变更,项目建设管理人员要认真研究,合理计算价格,与设计、建设单位和施工单位等充分协调,达成一致意见后方可实施工程变更。

④ 对承包商违约行为的处理。在施工过程中,项目建设管理人员对承包商的某些违约行为进行处理是一件很严肃而又难免的事情。当发现承包商采用一种不适当的方法进行施工,或是用了不符合合同规定的材料时,项目建设管理人员应根据建设单位授予的权利及时处理承包商违约行为。

⑤ 合同争议的协调。对于工程中的合同争议,项目建设管理人员首先应建议采用协商解决的方式,协商不成时才由当事人向合同管理机关申请调解。只有当对方严重违约而使自己的利益受到重大损失且不能得到补偿时,才采用仲裁或诉讼手段。如果遇到非常棘手的合同争议问题,不妨暂时搁置等待时机,另谋良策。

⑥ 对专业分包单位的管理。主要是对专业分包单位明确合同管理范围，分层次管理。将总包合同作为一个独立的合同单元进行投资、进度、质量控制和合同管理，不直接和分包合同发生关系。对分包合同中的工程质量、进度进行直接跟踪监控，通过总包商进行调控、纠偏。分包商在施工中发生的问题，由总包商负责协调处理，必要时，监理工程师帮助协调。

⑦ 处理好人际关系。在施工过程中，项目建设管理人员处于一个十分特殊的位置。因此，项目建设管理人员必须善于处理各种人际关系，既要严格遵守职业道德，礼貌而坚决地拒收任何礼物，以保证行为的公正性，也要利用各种机会增进与各方面人员的友谊与合作，以利于工程的进展。否则，便有可能引起建设单位或承包商对其可信赖程度的怀疑。

（4）与政府部门及其他有关单位的协调　项目建设参建单位均应严格按照有关工程法律、法规、标准开展工作，主动接受政府有关部门的监督，积极配合政府部门进行质量、安全检查工作。

① 与政府有关部门的协调。

a. 工程质量监督站是由政府授权的工程质量监督的实施机构，对委托监理的工程，质量监督站主要是核查勘察设计、监理、承包商的资质和工程质量检查。项目管理人员在配合进行工程质量控制和质量问题处理时，要做好与工程质量监督站的交流和协调。

b. 重大质量事故，在承包商采取急救、补救措施的同时，应敦促承包商立即向政府有关部门报告情况，配合检查和处理。

c. 建设工程合同应报政府建设管理部门备案；征地、拆迁要争取政府有关部门支持和协作；现场消防设施的配置，要请消防部门检查认可；要敦促承包商在施工中注意防止环境污染，坚持做到文明施工。

② 协调与社会团体的关系。建设单位和项目管理单位应把握机会，争取社会各界对建设工程的关心和支持，创造一种良好的社会环境。

8.3.4.5　项目不同阶段的协调

在项目建设不同的阶段，协调的内容和方法也不尽相同，也随阶段的变化而变化。

（1）招标阶段的协调　参与业主与承包单位的合同洽谈和签订是协调的主要内容。首先，要对双方的法人资格和履约能力进行复核。其次，合同中要明确双方的权利和义务，例如业主要保证资金、设备、设计图纸的供给，建设场地的提供等；承包单位要按合同工期、质量评定标准、标书单价或总价、施工图预算的材料和按工程项目整体进度要求完成竣工等。

（2）施工准备阶段的协调　业主和承包单位双方对施工准备工作内容应有明确的约定和分工，共同努力，为开工和顺利施工创造条件。

（3）施工阶段的协调　这个阶段的协调工作是大量的、烦琐的，包括解决施工进度、质量、中间计量与支付的签证、合同纠纷等一系列协调工作。对于合同纠纷，首先应协商解决，协商不成时才向合同管理机关申请调解或仲裁。

（4）协调总承包与专业分包单位的关系　对于大型、综合型建设项目，涉及的专业比较多，部分专业在实施过程中，可能会出现专业分包单位。选择合格的分包单位，如何明确总承包与分包的责任、如何协调其间的纠纷是关键。

（5）竣工验收阶段的协调　业主在竣工验收中可以提出这样那样的问题，承包单位应根据技术文件、工程合同、中间验收签证及验收规范作出详细解释，对不符合要求的工程问题应采取补救措施，使其达到设计、合同和规范的要求。

8.3.5 进度管理制度

① 项目进度控制应按施工合同约定的工期要求和发包人项目部确定的工程进度计划精心组织实施，确保工程按期竣工。

② 各承包人应建立以项目经理为责任主体，由子项目负责人、调度人员、作业队长及班组长参加的项目进度控制保证体系；建立健全责任制及评定考核、奖惩制度。

③ 施工进度计划应依据施工合同、施工进度目标、有关技术经济资料、施工部署、主要施工方案与工程实际情况编制，并结合工艺关系、组织关系、搭接关系、起止时间、劳动力计划、材料计划、机械计划及其他保证性计划等因素综合确定；项目进度控制总目标应结合工程实际情况分解为年、季、月、周计划，并逐层落实，通过周计划保证月计划，月计划保证季计划，季计划保证年计划，年计划保证项目总体进度计划的实现；施工进度计划编制的内容及深度应符合有关规范要求，并按规定进行交底。

④ 大型材料、设备等的采购、生产、运输、进场需提前做好相关计划。根据材料、设备进场及使用时间要求做好其采购、生产、运输各个时间节点的计划（不宜过早或推迟），并与周计划一并提交实施。提交计划后应严格按照时间计划执行，以确保材料及设备能够按时到场并使用。

⑤ 项目进度控制应采用网络计划技术，合理调配资源，确保关键线路、关键工序的施工进度如期进行，对施工全过程实施动态控制。

⑥ 施工计划实施过程中应按下列要求展开工作：

a. 对跟踪计划的实施进行监督，当发现进度计划执行受到干扰时，应采取调整措施；

b. 在计划图上进行实际进度记录，并跟踪记录每个施工过程的开始日期、完成日期，记录每日完成数量、施工现场发生的情况、干扰因素的排除情况；

c. 执行合同中对进度、开工及延期开工、暂停施工、工期延误、工程竣工承诺；

d. 落实进度控制措施应具体到执行人、目标、任务、检查方法和考核奖惩办法。

⑦ 总承包单位应对专业分包单位进行进度控制，并对专业分包工程的进度负责；各专业分包单位应按相关标准、规范、规定做好进度控制管理工作，对专业分包的工程进度负责，服从、配合总承包单位的进度控制管理。

a. 由总包单位负责编制工程总体进度计划、年度综合计划、汇编月度计划。向各专业分包单位下达计划执行指令，督促专业承包编制施工及试运行阶段的进度计划，并检查进度完成情况，各专业分包单位出现的工期问题由总包单位负责。

b. 对各专业分包单位之间的交叉作业的情况，总包单位应合理统筹安排其各自的进度计划及工作面，不得相互干扰、影响而延误工期，并有计划有组织地安排各专业分包单位的材料、半成品、成品，以及进场设备的现场堆放场地和合理的运输线路及工作面，处理好因交叉作业可能引起的成品保护问题，确保工程总工期目标的实现，必要时可以命令有关专业分包单位进场和退场或停工。

c. 总包单位负责协助专业分包与设计、监管、发包人之间的协调，并协调各专业分包单位之间的矛盾，排除完成施工进度计划中的各种障碍，避免延误进度计划及工期。

d. 总包单位应按各分包单位材料及设备进场的进度计划进行监督实施管理，确保材料及设备能按时到场使用，并协调现场已有机械设备和周转材料，配合和满足各专业分包单位施工的要求。

e. 有多家专业分包单位需用总承包人的垂直运输机械等机械设备时，总承包人负责协调，不得因此而影响工期。

⑧ 施工进度计划应定期进行检查：承包人应坚持月检查，项目部应坚持月、周、日检查；检查的内容应重点突出检查期内的实际完成和累计完成工程量、进度偏差、进度管理情况、影响进度的原因分析等；进度发生偏差应及时采取有效措施纠偏；调整施工进度计划应采用科学的调整方法，并依据检查结果进行调整，必须确保总工期的实现。

⑨ 承包人在开工前必须向发包人、监管人上报该施工项目总体进度控制计划。每月的月工作例会时间，向发包人、监管人上报下月进度计划，每周五工地例会前上报下周进度计划，每月、每周同时上报本月、本周完成情况进度报表。进度报表资料应真实可靠，并及时进行整理、归档。

⑩ 承包人在每月 25 日前（遇节假日提前至星期五）报送月进度计划和产值月报表。应注意：
a. 承包人每周一向监管人报送本周的进度计划和完成情况及下周工作计划。
b. 监理工程师结合总进度计划，对月计划及周计划进行初审并签字，发现偏差则提出纠偏的要求和措施。
c. 承包人将审核后的进度计划报造价咨询人、监管人、发包人存档。

⑪ 承包人在施工过程中，达不到或违反以上规定，除按合同、规范、办法的有关规定进行处理外，现场按相应规定处理。

8.3.6 造价管理制度

以"独立、客观、公正、服务"为宗旨，依法维护委托人利益，确保取得最佳投资效益。从组织和管理的角度，采取经济、技术、法律等手段，公正行使权力，确保项目总投资控制在计划投资范围内，并通过造价人员的努力，力争使工程总造价降低。

严格按照国家有关法律、法规和建设行政主管部门的有关规定，通过对建设项目全过程造价管理工作，实现整个建设项目工程造价的有效控制，缩小投资偏差，控制投资风险，协助委托人单位进行建设投资的合理投入，确保工程造价控制目标的实现。

① 组建项目咨询组，拟从事本项目主要人员一览表见表 8-1。

表 8-1 拟从事本项目主要人员一览表

序号	拟任本项目职务	姓名	性别	年龄	专业	工作年限
1	……	……	……	……	……	……
2	……	……	……	……	……	……
3	……	……	……	……	……	……
4	……	……	……	……	……	……

注：根据项目需要进行人员的增派。

② 造价人员职责定位：参照本书第 2 章进行造价专业咨询人员的职责分工并定位。
③ 编制造价咨询服务实施方案：参照本系列丛书第九分册《全过程工程咨询投资管控》

拟订。

④ 造价咨询资料管理：参照本书附录要求进行编制。

8.3.7 招投标管理制度

结合《中华人民共和国招标投标法》《中华人民共和国政府采购法》并参照本书第4章要求进行编制。

8.3.8 合同管理制度

建设工程项目合同体系的运行必须达到这样的目的，即：运用合同手段使所有项目参建方按照建设工程项目的质量、进度、投资目标的要求完成合同任务；通过合同手段处理勘察单位、设计单位、监理单位、施工单位内部的管理、配合关系及他们之间的协调配合关系，使他们既能够得到其他单位的配合，顺利完成合同任务，又能够严格地履行对其他单位的配合义务，使其他单位也能够顺利完成合同任务。由以上分析可见，建设工程项目合同管理应围绕以下工作的重点：

① 针对建设工程项目的特点制定科学合理的项目合同架构体系。

② 结合项目特点，编制合法、完善、严谨的合同文件，从而建立起科学的合同文件体系。建设工程项目合同架构体系的复杂性决定了合同文件编制的复杂性。合同架构体系中包含的合同管理思想必须通过具体的合同文件来实现，因此，整个建设工程项目合同文件条款的严谨、完善、系统性是整个建设工程项目合同管理甚至是整个项目管理的决定性阶段之一。而且，编制严密的合同文件不但能够最大限度地避免工程建设中的纠纷、索赔的发生，督促项目的参建各方严格按照合同约定参与项目建设，而且，即使发生了纠纷、索赔，合同主体也能依据合同约定保护自己的合法权益。

③ 建设工程项目合同履行管理。合同履行管理是督促建设工程项目各参建方严格按照合同约定履行合同义务，顺利完成建设工程项目建设任务的阶段。该阶段是建设工程项目管理主要思想、管理方法的实施、实现阶段。笔者认为应制定出严谨、可操作性强的合同履行管理方法，抓住合同履行管理的重点——总包商管理，减少甚至避免纠纷发生，最大限度地预防纠纷、索赔的发生。因此，合同履行管理也是项目管理过程中的关键阶段。

④ 合同文件资料的管理。建设工程项目管理开始后，应将合同文件资料的管理责任落实到具体的管理人员，妥善保存所有合同及与合同有关的一切资料，并及时满足查阅和询问要求。在建设工程项目竣工验收完毕将与项目有关的合同文件资料移交给相关单位。基本的管理制度有：

a. 建立合同文件资料统一编号、统一记录制度；
b. 建立合同文件资料分类管理制度；
c. 建立合同文件资料借阅登记制度。

8.3.9 档案管理制度

（1）项目章的启用　各单位项目部使用的项目章，必须经单位书面授权，并明确项目章的使用范围。涉及重大变更、经济签证、索赔、合同条款变更等事项的相关资料，原则上必须盖公章。

（2）资料报送要求
① 所报送资料份数及签章要求。
② 填写时间与报送时间一致，且要求书写端正，具有可阅读性。
③ 资料签字应字迹清晰，签署内容规范，要有明确表达的意见。
④ 签字人员应具备相关规定的签字资格，并必须亲自签字。
（3）对资料的处理流程　对报送资料的处理流程应结合项目建设地、委托单位的管理要求进行拟订，必须合规、合法并有着连续的监管环节。如：
① 承包人所有资料应先报监管人，监管人签署意见后报造价咨询人或发包人。
② 分管的专业工程师对资料填写内容的正确性、全面性、准确性进行审查。
③ 对承包人提供的证明材料进行审查。
④ 对承包人相关人员签字的合法性进行审查，资料的签认必须是本人签认。
⑤ 资料审查不合格的，专业工程师签署意见后退回承包人。
⑥ 资料检查合格后须到现场检查的，必须到现场进行检查。检查后根据检查情况签署意见。
⑦ 需总监理工程师签署意见的，由总监理工程师签署意见。
⑧ 经项目管理部的专业工程师签署意见并经项目管理部技术总工及项目经理加签后，报建设单位走建设单位的流程。
⑨ 对有盖章要求的资料，须按规定完成盖章手续。
（4）对资料的留存
① 相关部门对承包人报送的资料应留存必要份数，以确保工程项目的顺利开展。
② 留存各参建单位应明确管理机构构成、岗位职责，签字权限、签字笔迹存档。
承包人项目部人员一览表、监管人项目部人员一览表、造价咨询人项目部人员一览表、发包人项目管理部人员一览表见表 8-2～表 8-5。

表 8-2　承包人项目部人员一览表

序号	本项目中任职	姓名	岗位职责	签字权限	手写签字
……	……	……	……	……	……

表 8-3　监管人项目部人员一览表

序号	本项目中任职	姓名	岗位职责	签字权限	手写签字
……	……	……	……	……	……

表 8-4　造价咨询人项目部人员一览表

序号	本项目中任职	姓名	岗位职责	签字权限	手写签字
……	……	……	……	……	……

表 8-5　发包人项目管理部人员一览表

序号	本项目中任职	姓名	岗位职责	签字权限	手写签字
……	……	……	……	……	……

附录 1

全过程工程咨询服务交付文件清单

全过程工程咨询报告内容	附件资料
全过程工程咨询服务报告	
1　概述	
1.1　项目基本情况	
1.2　全过程工程咨询服务依据	
2　全过程工程咨询服务策划	
2.1　全过程工程咨询策划方案	全过程工程咨询策划方案
2.2　全过程工程咨询管理制度	全过程工程咨询管理制度汇编
2.3　专业咨询服务实施细则	全过程工程咨询实施细则、流程汇编
3　全过程工程项目管理	
3.1　项目建设程序性管理	建设用地规划许可证 国有土地使用证 建设工程规划许可证 专业工程的报建资料 初步设计及专业（如消防、环保、水、电等）报批及批复资料 建设工程施工许可证 建设工程预售许可证（开发项目） 建设工程竣工备案证
3.2　项目风险管理	风险识别、风险评估、风险对策实施记录及调整记录资料
3.3　勘察设计管理	
3.4　招采、合同管理	

续表

全过程工程咨询报告内容	附件资料
3.5 项目质量管理	
3.6 项目进度管理	
3.7 项目投资管理	
3.8 项目安全、绿建管理	
4 项目决策阶段专业咨询服务	
4.1 项目立项	立项申请及批复资料
4.2 项目可行性研究报告	项目建议书、可行性研究报告及批复资料（含环境影响评价、节能评估报告、项目安全评价、社会风险评价、水土保持方案、地质灾害危险性评估、交通影响评价等）
4.3 专项评价	专项方案及专家评审意见
5 建设实施阶段专业咨询服务	
5.1 设计咨询	① 方案设计、初步设计、施工图设计全部成果文件及过程调整资料文件； ② 建设实施阶段设计变更审批资料、经济分析对比资料、设计变更成果文件； ③ 与设计相关的所有会议纪要、设计方案评审纪要； ④ 初步设计、施工图设计审查批复资料； ⑤ 施工交底纪要
5.2 设计咨询招标采购咨询	① 招采档案目录清单； ② 符合招标档案要求的档案资料，含招标条件资料、招标备案申请表、招标公告、招标文件、图纸资料、补遗书、评标报告、中标候选人公示、招投标情况总结备案表、中标通知书、投标文件（前三名）
5.3 造价咨询	① 投资估算编制及审核资料、方案比选及经济分析资料； ② 概算编制及审核资料、经济分析资料； ③ 工程量清单及预算编制、审核资料，招标答疑回复资料； ④ 设备材料市场调研分析资料（含报价资料）及建议报告； ⑤ 施工索赔处理资料； ⑥ 竣工结算送审、审核、定案资料
5.4 监理咨询	① 监理实施方案； ② 工地第一次交底会议纪要； ③ 监理日志、工地例会及其他会议纪要； ④ 施工质量、进度、安全文明检查及整改记录； ⑤ 施工过程管理其他资料（旁站监控、隐蔽工程、设备材料验收记录、新工艺新技术运用资料等）； ⑥ 监理报告书
5.5 其他专业咨询	信息化管理相关成果资料
6 项目运营咨询服务	
6.1 项目竣工交付	① 竣工交付报告； ② 竣工交付资产清单
6.2 建设项目后评价	项目各阶段绩效评价资料、项目后评价自评报告
7 全过程工程咨询服务评价	

附录 2

全过程工程咨询服务管理体系相关制度清单

类别	制度名称	核心内容	责任部门
综合管理类	1 事务类		
	1.1 全咨服务日常工作管理办法	日常人事、行政、会务等管理	
	1.2 廉政执业管理办法		
	1.3 保密管理办法		
	2 财务类	执行委托方相关制度	
项目管理类	3 全过程工程咨询服务项目管理制度		
	3.1 全咨服务项目筹划管理办法	项目策划、团队筹划、权责分工	
	3.2 全咨服务设计管理办法	依据法律法规、行业标准和规范，并结合项目具体情况、委托单位管理要求，编制在全过程造价咨询服务过程中各板块的管理办法，规范团队内部管理，满足项目目标要求	
	3.3 全咨服务招采管理办法		
	3.4 全咨服务合同管理办法		
	3.5 全咨服务投资管理办法		
	3.6 全咨服务质量管理办法		
	3.7 全咨服务进度管理办法		
	3.8 全咨服务安全管理办法		
	3.9 全咨服务新技术管理办法		
	3.10 全咨服务档案管理办法		

续表

类别	制度名称	核心内容	责任部门
项目管理类	4　全过程工程咨询服务业务实施手册		
	4.1　前期工程咨询服务实施手册	各业务板块的具体工作要求、实施步骤、实施内容、作业标准及输出成果要求	
	4.2　建设项目设计技术管理手册		
	4.3　建设项目工程监理实施手册		
	4.4　建设项目造价咨询实施手册		
	4.5　建设项目招标采购实施手册		
	4.6　BIM技术运用及实施办法		
	4.7　业务流程汇编	根据业主的管理章程，编制各业务板块的作用流程要求及表单，如： ① 设计审批、设计变更审批等流程； ② 招标采购组织—实施—审批流程； ③ 工程管理相关流程，变更签证、进度款支付、隐蔽工程、索赔等流程要求及资料表单； ④ 招标文件、合同文件、管理过程函件起草—审核—审批—发文流程	

参考文献

[1] 尹贻林,吴静,何丹怡. 建设项目全过程工程咨询指南[M]. 北京:中国建筑工业出版社,2018.

[2] 刘洪,左勇志,陈鸣飞,等. 工程建设全过程风险防控实务[M]. 北京:中国建筑工业出版社,2017.

[3] 乐云. 建设项目前期策划与设计过程项目管理[M]. 北京:中国建筑工业出版社,2017.

[4] 吴玉珊,韩江涛,龙奋杰,等. 建设项目全过程工程咨询理论与实务[M]. 北京:中国建筑工业出版社,2018.

[5] 韩光耀,沈翔. 关于全过程工程咨询的再思考[J]. 中国工程咨询,2019(01):30-34.

[6] 全国咨询工程师(投资)职业资格考试参考教材编写委员会. 项目决策分析与评价:2019修订版[M]. 北京:中国统计出版社,2018.

[7] 何清华. 建设项目管理信息化[M]. 北京:中国建筑工业出版社,2009.

[8] 中国建筑设计咨询有限公司. 建设工程咨询管理手册[M]. 北京:中国建筑工业出版社,2017.

[9] 陈勇,曲赜胜. 工程项目管理[M]. 北京:清华大学出版社,2016.

[10] 杨光新. 基于工程造价全过程管理策略分析与研究.[J]. 城市建设理论研究(电子版),2012(24):1-3.